그림책 기획부터
만드는   출간까지,
사람들   그 모든 순간에
        대하여

일러두기

- 이 책에서 서지 정보를 표시할 때는 집필 목적에 따라 국내서의 경우 편집자와 디자이너를 함께 표시하였으나, 번역서의 경우 예외로 하였다.
- '주석'에서는 저자의 이름을, '인터뷰 대표작 목록'에서는 도서명을 앞에 표기하였다.

그림책 만드는 사람들

기획부터 출간까지, 그 모든 순간에 대하여

◆◆
글·인터뷰
―――
최은영

◆◆
인터뷰이
―――
기획자 **고선아**
작가 **김효은**
편집자 **최현경**
디자이너 **김성미**
번역가 **엄혜숙**
제작자 **정혜경**
마케터 **이서윤**

들어가며

그림책의 엔드 크레디트

20년쯤 전에 편집자가 되었다. 그 시절에는 책은 작가만의 것이라 생각하는 작가들이 많았다. "내 책을 이렇게 정성스럽게 만들어주다니 고마워요."라는 인사말 속에는 '당신의 것이 아닌데도 이토록'이라는 의미가 숨어 있는 것 같았다. 그때마다 마음속으로 이렇게 대답했다. '아뇨, 전 제 일을 했을 뿐이에요. 이 책은 제 책이기도 하니까요.'

책이라는 것은 그렇다. 쓰는 사람도, 그리는 사람도, 옮기는 사람도, 편집하는 사람도, 디자인하는 사람도, 마케팅하는 사람도, 모두 자신의 것이라 생각한다. 그래서 나는 책을 펼치면 가장 먼저 판권지를 본다. 그곳에는 책을 만든 사람들이 있다. 모두 자기 책이라고 여겼을 사람들. 그만큼 최선을 다해 자신의 몫을 다했을 사람들. 책을 사랑한다면 응당 이들의 이름을 읽어야 한다. 좋은 영화를 봤을 때 엔드 크레디트가 다 올라갈 때까지 자리를 뜨지 않는 관객처럼.

이 책은 그림책의 엔드 크레디트에 마땅히 이름을 올릴 사람들의 이야기다. 기획자, 작가, 편집자, 디자이너, 번역가, 제작자, 마케터

총 일곱 명의 전문가와의 대화가 수록되어 있다. 모두 창작자이자 노동자, 예술가이자 생활인, 책을 만드는 사람이자 독자이다.
인터뷰이는 그림책 분야의 경험과 지식이 있는 전문가이자 현재도 활발하게 활동하는 출판인, 개성이 드러나는 작품 활동을 하고 있는 창작자로 정했다. 대화를 통해 다음과 같은 질문들에 대한 답을 찾고자 했다. '그림책 출판인은 어떤 사람들인가?' '이들은 그림책을 무엇이라 생각하는가?' '이들이 만든 과거의 그림책, 현재의 그림책은 어떠하고, 미래의 그림책은 어떤 모습일까?'

기획자이자 디자이너인 고선아는, 사실 기획자로만 정의하기에는 무리가 있다. 그가 디자인한 그림책에도 고유의 개성과 기획자로서의 면모가 발휘되고 있기 때문이다. 이러한 이유로 인터뷰 중에는 기획한 그림책 시리즈에 집중했으나 대표작 목록에는 그가 디자인한 그림책을 함께 실었다. 번역가 엄혜숙은 번역가, 편집자, 저자, 연구자 등 다양한 역할로 활동하고 있고, 그의 경력 또한 우리나라 그림책 출판의 역사와 포개어진다. 그래서 그림책 번역이 어떠한 일인지 뿐 아니라 과거부터 현재까지 그림책 출판의 흐름을 짐작할 수 있을 만한 질문을 던졌다. 제작자 정혜경과의 대화에서는 그가 페이퍼 엔지니어로서 그림책을 보는 관점과 일인 출판사 대표로서 겪는 고충을 보여주고자 했으며, 편집자 최현경과의 대화에서는 그림책 편집자의 이야기뿐 아니라 긴 시간 출판사에서 일한 직장인의 이야기도 함께 담고자 했다. 작가 김효은과는 예술인이자 출판인, 돌봄노동자로서 삶에 대해, 디자이너 김성미와는 디자이너의 영역이 아트디렉터의 영역으로 확장되는 힘에 대해, 마케터 이서윤과는 독자와의 접점, 상품으로서의 그림책에 대해 이야기를 나누었다. 우리나라 그림책 시장이 어떻게 발전해왔는지, 그 안에 이 일곱 명의 전문가로 대표되는 출판인들이 어떤 역할을 해왔고, 현재도 하고 있는지를 보여주려고 노력했다.

대표작 목록과 서지 사항에 대한 설명도 남기고 싶다. 인터뷰이로 참여한 전문가들은 작가를 제외하면 대중에게는 잘 알려지지 않은, 자신을 오로지 그림책으로만 말하는 사람들이다. 그래서 인터뷰이 소개와 함께 그들의 손길이 머무른 대표작 목록을 함께 실었다. 그림책 목록을 인터뷰이에게 각각 받은 뒤, 모두 읽고, 인터뷰 내용과 긴밀한 관계에 있거나 독자에게 알리면 좋을 그림책들로 추려 나의 관점으로 소개글을 작성했다. 팝업북 기법에 대해서는 정혜경 대표에게 조언을 구하여 작성했음도 밝힌다.

또, 서지 정보에는 글 작가와 그림 작가 이름뿐 아니라 편집자와 디자이너의 이름까지 밝히고자 했다. 번역서는 원서의 편집자, 디자이너, 한국어판의 편집자와 디자이너를 모두 밝혀주는 것이 맞겠지만 정보를 찾기 어려워 번역자의 이름만 함께 싣는 것으로 정리했다. 출간된 지 오래된 그림책 가운데 편집자와 디자이너의 정보를 찾기 어려운 책들도 있었다. 그 외 마케터, 제작자 등 밝히지 못한 출판인들의 이름은 수없이 많다. 그들을 기억해주기를 바란다.

2023년 봄, 서면 인터뷰를 시작으로 2024년 5월에 대면 인터뷰를 마무리했다. 인터뷰 시간은 인터뷰이에 따라 두 시간 때로는 여섯 시간을 넘기기도 했다.
현장감을 살리려 최대한 노력했지만 독자가 이해하기 좋게 압축하거나 반듯하게 다시 써내려간 부분들도 있다. 그 과정에서 빠진 실감나는 문장과 단어 들이 아쉽기도 하다. 책에 미처 실리지 못한 목소리들은 다른 기회를 통해 독자에게 들려줄 수 있기를 희망한다. 더불어 이 책의 출간을 계기로, 수상 소식과 베스트셀러만이 주목받는 가운데서도 묵묵히 좋은 그림책을 만들어온 출판인들이 재조명되기를 바란다.
인터뷰 원고가 정리된 뒤에도 이메일로 추가 질문과 확인 요청을 하는 등, 본의 아니게 인터뷰이들을 번거롭게 했다. 출판인들만이 아는 용어나 느낌을 누구나 알 수 있게 풀어 쓰느라 여러 차례 질문하고 수정한 문장들도 여럿이다. 이 책이 잘 마무리될 수 있었던 것은, 인터뷰를 마친 뒤로도 1년 남짓 그 모든 과정에 충실하게 참여해준 인터뷰이들 덕분이다.

이 책은 "그림책을 만드는 사람들을 인터뷰합시다!"라는 클 편집부의 제안으로 시작됐다. 나는 인터뷰와 글을, 스튜디오 마르잔 김성미는 디자인을, 전체 구성과 교정 교열 등의 편집 관련 업무는 클 편집부의 여러 편집자가 함께했다. 마케터는 이제 이 책을 독자의 손에 가닿게 하려고 분주해질 것이다. 이 책은 이들 모두의 책이다.

열 살 즈음, 처음 책을 만들었다. 스케치북을 접어 그림을 그리고 그 아래에는 글을 썼다. (공주가 폭풍과 시련에 쫓기는 내용이었다.) 지금 생각해보면 그림책과 비슷했다. 이미지와 단순한 문장들, 이 둘의 상호 작용과 연상 작용을 통해 무언가를 만들어내는 즐거움을 어린이는 본능적으로 알고 있는 것 같다.
그림책을 만드는 사람이 되고 나서, 나는 동료들의 어린 시절이 늘 궁금했다. 어떤 어린이였을까? 나처럼 어린 시절에 비밀의 책을 만들어본 적이 있을까? 그 시절엔 그렇게 이상한 아이는 오직 나 하나

뿐인 것 같았는데, 그림책 출판의 세계에 오고 나니 오래 헤어져 지낸 쌍둥이들을 드디어 만나게 된 듯했다. 이 책을 통해 비로소 나의 쌍둥이들과 그림책을 만드는 일에 대해 길고 깊은 대화를 나눌 수 있었다. 책을 준비하는 내내 기쁘고 감사했다.

2025년 7월, 최은영

차례

들어가며 4
그림책의 엔드 크레디트

그림책 시리즈는 어떻게 만들까 13
◆◆ 기획자 **고선아**

진짜 살아 있는 이야기를 쓰려면 45
◆◆ 작가 **김효은**

그림책 중심에 있어야 하는 것 79
◆◆ 편집자 **최현경**

그림책을 매력적으로 만드는 선택 113

◆◆ 디자이너 **김성미**

텍스트 너머 옮겨야 할 것들 149

◆◆ 번역가 **엄혜숙**

이야기에 입체적 공간을 설계하는 법 181

◆◆ 페이퍼 엔지니어 **정혜경**

그림책 독자를 찾아서 213

◆◆ 마케터 **이서윤**

인터뷰이 대표작 목록 247

그림책 시리즈는
어떻게 만들까

기획자 고선아

기획자 고선아는 1996년 디자이너 신용주와 편집기획자 홍진숙과 함께 그림책과 어린이책을 기획, 디자인하는 달리 크리에이티브[1](이하 달리)를 세웠다. '우리시그림책'[2] '우리 이웃 그림책'[3]을 기획했고, 현재 새로운 그림책 시리즈 기획을 진행하고 있다. 《가드를 올리고》[4] 《우리는 지금도 친구일까?》[5] 《나는 흐른다》[6] 《파란 대문을 열면》[7] 《풍덩》[8] 《작은데?》[9] 《받침구조대》[10] 등의 그림책과 《내가 모르는 사이에》[11] 《경성 기억 극장》[12] 등 여러 어린이책을 디자인했다. 하지만 고선아는 '기획자'나 '디자이너'라는 한 단어로 설명하기 힘든 사람이기도 하다. '우리시그림책'이라는 우리나라 창작 그림책의 양상을 바꾸어놓은 굵직한 시리즈의 기획자이자 디자이너인 동시에, 그림책 작업자—작가, 편집자, 디자이너 등—들이 그림책을 만들다 어려움에 부딪히면 찾아가는 고민 해결사이다. 오랜 시간 같은 자리를 지키며 작업자들을 먹여주고 품어주는 사랑방의 주인이자, 날카로운 시선을 지닌 단호한 비평가이다. 또, 나에게는 그림책이란 어떤 과정을 거쳐 만들어지는지를 알려주신 스승이기도 하다. (나는 출판사 창비에서 편집자로 근무하던 당시, '우리시그림책'의 편집 담당자가 되어 아홉 권의 편집 과정에 참여했고 그 과정에서 많은 것을 배웠다.) 이 인터뷰를 준비하며, 고선아 기획자를 세 가지 키워드로 정리해 보았다. '이해의 밀도' '시대정신' 그리고 '사랑방'. 우리나라 그림책의 역사에서 의미 있고 중요한 위치를 차지하지만 상당히 독특하기도 한 이분을 독자에게 잘 소개하고 싶었고, 그 과정에서 그림책 작업자들의 고군분투를 실감 나게 전하고 싶었다. 얇게 정제된 그림책 속에 얼마나 길고 짠한 사연이 숨어 있는지, 그의 표현을 빌리자면 작업자들의 '내력'이 그림책 안에 얼마나 치밀하게 짜여 있는지. 2023년 여름과 가을에 걸쳐 서면 인터뷰를 교환하고, 2024년 봄, 달리 사무실에서 여섯 시간에 걸쳐 밥과 술을 나누며 이야기했다.

"시가 작가를
끌어당겨야 한다고 생각했다"

'우리시그림책' 시리즈(이하 '시그림책')를 먼저 이야기해보고 싶다. 기획자이자 디자이너로, 달리와 스무 명이 넘는 창작자들과 함께 15년에 걸쳐 시리즈를 완성했다. 시로 그림책을 만들어야겠다는 발상은 어떻게 떠올렸나?

시 공부를 하던 시절인 1999년에 기획을 시작했다. 시를 공부해보니 '동시는 그림이 떠올라야 한다. 한 장의 그림처럼 느껴져야 한다'라고 하더라. 그런데 그림책을 만들 때엔 '그림책의 글은 시와 같다'라고 한다. 이 두 이야기가 뭔가 같기도 하고 다르기도 하고 아슬아슬하다고 느꼈다. 그러다 《어린이책의 역사》[13]에서 "모리스 샌닥[14]은 전래 동요로 여러 가지 실험을 하면서 많은 그림책을 만들었다."라는 짧은 글귀를 읽고 힌트를 얻었다. '야, 우리도 시로 그림책을 만들자' 하고 무작정 시작했다. 시화집 개념 말고는 시로 된 그림책이 없었던 터라, 그림책 관계자들로부터 '말도 안 되는 소리'라는 얘기도 많이 들었다.

전체 기획 방향은 어떻게 잡았나?

시가 그림책의 작가를 끌어당겨야 한다고 생각했다. 한 편의 시를 텍스트로만 사용하는 것이 아니라, 시의 무엇인가가 작가 내면을 움직여야 시가 그림책의 형식 안에 들어왔을 때 세계가 더 넓어질 거라고 생각한 거다. 시인과 그림책 작가의 세계가 만나 또 다른 새로운 세계를 열어야 한다고. 우선 텍스트가 될 시 마흔두 편과 참여할 작가 스물한 명을 정했다. 작가들에게 시를 보여줬는데, 같은 시를 고른 사람은 딱 두 사람뿐이었다.

시와 작가가 정해진 다음에는 어떻게 진행했나?

작가가 전부 참여하는 모꼬지를 다섯 번 정도 열었다. 첫 모꼬지는 폐교에서 했는데 당시 유명했던 그림 작가들이 전부 모였다. 그래서 시작부터 화제가 됐다. 시가 확정되고 나면 시와 시인 분석을 하고, 각각 그림책 방향에 맞게 취재를 했다. 취재 현장에 가면 꼭 시를 소리 내어 읽곤 했다. 여행의 모든 과정이 작가의 감성을 넓혀줄 거라 믿었다.

취재 과정에서 인상적인 에피소드도 많았을 것 같다.

얼마 전 23년 동안 사용했던 사무실을 옮겼다. 이삿짐 속에서 《준치 가시》[15]의 그림을 그린 김세현 작가와 취재 가서 찍은 사진이 나오더라. 백석의 시 〈준치 가시〉는 사실 준치의 생태적인 면보다는 생명이 살아가며 맺는 관계를 중심으로 한 시다. 김세현 작가와 함께 목포로 내려갔다. 목포 시장에서 준치를 보고, 준치회를 먹고(가시가 얼마나 많은지를 느껴보려고), 해양박물관의 성함이 기억나지 않는 교수님께 준치의 생태 자료들을 받았다.

바닷속에 있는 준치를 느껴봐야 한다고 목포에서 통통배를 띄워 바다로 나갔다. 김세현 작가는 그 배 위에서 스케치를 했고. 지금 생각해보면《준치 가시》의 배경은 물속인데, 물 위에서 스케치하면서 바닷속 준치를 느껴보라고 한 셈이다.

한 권이 기획부터 출간까지 2년에서 길게는 7년까지 걸렸다.

잠을 잔 적이 없다. 거의 뜬눈으로 살았다. 나도 잘 모르는데 작가를 대응해야 되니까 방법론을 생각하느라고. 어떤 책은 100가지의 다른 방식을 생각해보고는 다시 처음으로 돌아가기도 했다. 그럴 바에 뭐 하러 밤을 샜냐고 할 수도 있는데, 나는 다 확인해봐야 하는 성격이거든. 혹시 아닐 수도 있으니까. 우리가 뭘 놓칠까봐. 그때는 좀 과하긴 했지만 그게 쌓여서 앞으로 나아가긴 했을 거다.

'시그림책' 완간 이후 시가 그림책이 될 수 있다는 생각이 당연해졌다. 그런 점에서 우리 나라 창작 그림책의 역사를 바꿔놓은 대단한 시리즈라고 생각한다.

시리즈 그림책 기획은 그림책 작업자, 그러니까 작가, 기획자, 편집자, 디자이너 모두가 힘을 모아 새로운 영역을 만들어내는 일이다. 한 권의 그림책으로도 영역 확장은 가능하지만, 시리즈가 되면 하나의 개념을 여러 작업을 통해 구체화해 확인할 수 있고, 다른 장르에 대한 이해나 경험의 폭도 넓어지게 된다.

'시그림책'이 그림책만이 아니라, '시'에 대한 인식까지도 넓힐 수 있었던 것처럼. 시리즈로 개념을 잡으면 그림책 한 권에 담을 수 있는 개념의 폭이 훨씬 넓어지는 거다. 동시에 그림책 영역도 확장되고. '시그림책'이 출간된 뒤로 시를 텍스트로 한 그림책이나, 노래 가사, 국악 동요 등을 토대로 한 그림책이 많아졌다. 이런 식으로 그림책 영역도 자연스럽게 넓어졌다고 볼 수 있다.

고급스런 제작 방식도 눈에 띈다. 제작비가 상당히 많이 들었을 것 같다.

원화 색감을 살리려고 여러 종류의 종이를 테스트한 뒤 최종 사양을 확정했다. 스노우화이트지나 모조지는 배제하고, 최소한 랑데부처럼 비도공지[16] 느낌의 고급지를 본문 종이로 쓴다는 원칙도 세웠다. 인쇄 전에 색감을 확인하려고 교정[17]도 전체 페이지를 다 냈다. 다른 책보다 제작비가 두세 배는 더 들었기 때문에 출판사와 마찰도 있었다. 그렇게 그림책의 질을 올린 거다. 사실 이 새로운 시도들을 같이 견뎌주는 힘이 필요한데, 결국은 출판사와 작가가 포기하지 않고 힘을 내준 덕분이다. 그들의 힘이지 내 힘은 아니다. 중요한 건 함께 소통하면서 긴 시간을 같이 가는 거다.

'시그림책'은 총 열다섯 권으로 마무리됐다. 모두 만족스러운가?

이 시리즈는 달리와 나의 청춘 그 자체다. 일단은 다 흡족하다. '할 만큼 했나?' 돌아볼 때가 있는데, 아무튼 내가 할 수 있는 건 성의를 다하는 거니까. 열다섯 권을 내는 데 15년이 걸렸다. 작가나 시에 대해 내가 잘못 판단한 것도 있겠지만 어쩔 수 없다. 디자인이 뛰어나진 않을 수도 있다. 그저 주어진 여건 안에서 최선의 결과물을 내려고 애썼다.

"어쨌건 당신 옆에 계속 있을 거야"

'시그림책' 담당자가 되어 처음 달리 사무실을 방문했을 때가 지금도 기억이 난다. 작가들이 사무실 마루에 모여앉아서 같이 회의하고 공부하고 밥도 먹었다. 너무 어색하고 어렵더라. 왜 다 모여서 할까, 처음에는 이해가 안 됐다.

사실 그때는 그림책에 대해서 잘 몰랐기 때문에 작은 것 하나라도 시작하려면 그렇게 모일 수밖에 없었다. 외국의 좋은 그림책들이 많이 번역 출간되어서 눈은 높아졌는데 우리 뇌나 몸은 그림책을 창작할 준비가 안 되어 있었던 거다. "그림책이 뭐예요?" 하고 누가 질문을 던지면 그냥 말로 설명하기보다는 함께 보고 느끼는 게 좋겠다고 판단했고, 출판사 편집자들도 우리와 같이 공부하고 커나가기를 바랐다. 작가들과 모든 걸 같이 경험하길 바랐던 거다. 그래야 '시그림책' 이후에도 창비에서 그림책을 잘 만들 수 있을 테니까. '운동권적'인 사고였던 것 같기도 하다. 출판사와도 너무 대결 모드였던 것 같고.

몇 년을 같이 해나가다 어렴풋이 알게 됐다. '이렇게 하니까 좋구나'에서 '이렇게 해야만 나오는 결과물이 따로 있구나'라고. 작가들이 함께 연대해 한 시리즈를 만드는 일의 가치를 깨달은 거다.

창작자들은 너무 외롭다. 꼭 시리즈를 기획하지 않더라도, 달리 사무실에서는 작가들끼리 모이는 일이 많다. 모임이 있는 날에는 보리차를 끓이는데, 사실 너무 힘들어서 이제 모임 그만하면 어떨지 물었던 적도 있는데 "그럼 장소만 제공해주세요." 이러는 거다. 20년 넘게 이어지는 모임들도 있다. 작가들끼리 그렇게 서로 알아가니까 이제는 그림책 창작이나 출판 과정에서 겪는 힘든 일도 다 터놓고 얘기할 수 있는 사이가 되더라.

'시그림책' 진행 회의를 할 때면 작가에게도, 편집자에게도 영감을 주는 말씀을 많이 해주었다. 그때는 내가 편집자로서 역할을 한 것 같지는 않고, 그림책이 무엇인지를 배워나가는 시기였던 것 같다.

편집자들은 꼭 그렇게 말한다. 편집자들마다 각기 좋은 점들이 있고 어떤 때는 저 사람 되게 괜찮은 편집자다 싶을 때도 있는데, 내가 그걸 설명해줘도 '아, 나를 위로하려고 저런 말을 하는구나' 이렇게 생각하더라. 하지만 편집자에게는 책의 중요한 포인트를 딱딱 잡아채는 능력이 있다. 그게 편집자나 디자이너의 일이기도 하고. 그런데 이런 면은 함께 일한 작가나 작업자들밖에는 모른다. 결국 독자에게는 작가의 작품으로만 공유되니까 티가 안 나지.

편집자는 아무래도 책 뒤로 숨으려고 한다. 또 개인적으로는 내 의견보다 작가나 디자이너의 의견을 더 존중하는 게 마치 편집자로서 더 좋은 태도라는 그런 강박 같은 것도 있다.

난 편집자가 참 멋있다고 생각한다. 몇 십 년 동안 같은 자리에서 일하는 편집자들이 존경스럽고. 포인트를 짚을 수 있는 능력이라는 게, "글자를 이렇게 바꿔주세요."가 아니지 않나. 작가보다도 먼저 책의 구조를 파악해내는 능력이지. 그런 편집자다운 편집자들이 그림책 쪽에도 있다. 최정선[18], 서애경[19] 씨 같은 분들. 지성과 자신만의 세계관을 바탕으로 책을 보고 만드는 멋있는 사람들이다. 너무 아깝다. 이렇게 돋보이지 않는 자리에서 전체를 지켜보고 있는 사람을 잃는다는 건. 어떤 의미에서는 되게 저평가받았다고 생각한다. 나도 긴 시간 이런 지점을 갈등하면서 보냈고, 지긋지긋해서 기획이나 디자인 같은 건 다 때려치워야겠다 생각하기도 하는데, 버티는 이유는 하나다. 그림책에서 편집자나 디자이너처럼 핵심을 짚어주고 지켜보는 사람이 얼마나 중요한지 나는 알고 있으니까. 독자나 작가가 몰라준다 해도 난 내가 하는 일이 중요하다고 생각한다.

작가, 기획자, 편집자, 디자이너 등 작업자들이 친밀한 관계를 유지하는 것이 작품의 완성도를 끌어올리는 데 도움이 된다고 보나?

작가를 알면 알수록 좋다. 작가의 작업실 둘러보는 것을 좋아하는데, 작업실에 가면 말로 전할 수 없었던 것들을 알 수 있기 때문이다. 도구를 쓰고 정리하는 방식, 작업 습관, 취향, 성격, 관심사 등 들여다보면 무지무지 재미있다. 작가를 알고 이해해야 작업에 대한 공감도와 이해도가 높아진다. 디자인한 그림책 《가드를 올리고》의 경우, 작가에 대한 이해가 바탕이 되어 있었기 때문에 첫 콘티가 무척 간략하고 짧았는데도 무슨 이야기를 하고 싶은 것인지 절절히 이해할 수 있었다. 고정순 작가에게 이입해서 작가의 감정 흐름에 근거한 장면 연출이 되도록 애썼다. 글줄을 상단에 배치해 주인공의 외로움을 강조하거나, 주인공의 고난이 점점 커지는 지점에서는 그림의 크기와 위치를 점점 크게 조정하는 등. 작가를 알아야 그 작가가 왜 그렇게 작업했는지를 이해할 수 있고, 작가의 입장에 서서 이야기를 폭넓게 할 수 있다.

'관계와 시간 속에서 쌓아가는 이해의 밀도를 중요하게 생각하는 기획자'라고 정리할 수 있겠다.

옛날에 누가 그랬다. 그림책은 '내력(來歷)'이라고. 그게 무슨 말일까? 결국 함께 작업한 시간이 짧건 길건 그사이에 쌓인 모종의 사연, 사건, 갈등이 책에 압축돼서 나온다는 뜻이다. 그림책은 함께 만든 작업자들의 내력을 얼마나 잘 조성하느냐에 달렸다. 서로가 서로에게 주는 생각의 고리들이 개념화되고 발전되어 시각적으로 빵 터지는 그런 쾌감이 그림책에 있다.

그래서 내가 이 인터뷰집을 쓰고 싶었나보다. 책을 상품으로서만 즐기는 독자들에게 작업자의 속살을 보여주고 싶었다. 명확한 단어를 찾지 못했는데, 내가 찾던 것도 바로 '내력' 아닐까 하는 생각이 든다.

사실 나는 조형적으로 디자인을 잘하는 사람은 아니다. 그냥 번잡한 일을 벌이고 수습하는 사람이지. 외부에서 평가하는 만큼 실력이 있거나 하진 않지만, 책을 만든 사람과의 내력을 그간 성의 있게 쌓았나보더라. 그게 나의 기획과 디자인을 만든 거다. 사실 나는 작업자들에게 늘 같은 얘기만 한다. "이 계획이 뭔지도 잘 모르겠고, 당신이 이 작업을 할 때 계속 고민거리를 던져줄 수도 있겠지만, 어쨌건 당신 옆에 계속 있을 거야." 죽이 되든 밥이 되든 일단 성의 있게, 뭐 어떤 때는 나쁠 수도 있고 어떤 때는 좋을 수도 있지만 끝까지 서로를 놓지 않는 거, 그리고 기대해주는 거, 그런 게 내 역할이라고 생각한다.

감동적이다.

그럼 뭐 하나. 실용적이어야지.

"멋있는 척하면서
재미있게 얘기하는 건 못 하겠다"

'시그림책' 완간 이후의 이야기도 궁금하다.

  '시그림책'은 너무 오랜 세월이 걸렸지만 그래도 끝내고 나니까 좀 성장한 게 느껴졌다. 그림책이라는 게 뭔지 조금 보이기 시작한 느낌? 그러고 났는데 막상 다시 그림책을 기획하려니까 갑자기 '이게 뭐지? 뭘 말해야 되지?' 공황 상태에 빠졌다. 지금 돌이켜보면 '시그림책'과 긴 시간 함께하다보니 나도 내 안에서 빠져나오는 데 시간이 필요했던 거다.

텍스트를 시각적으로 해석해서 다시 구성하는 것이 바로 그림책이라는 것을 가장 적극적으로 보여준 시리즈가 바로 이 '시그림책'이라고 생각한다. 시 그림책 이후로 창작 그림책의 질이 완전히 달라졌다고 평가하는 작가들도 많고. 일종의 분기점인 셈이다. 반면 이 시리즈와 기획자에 대한 평가가 제대로 내려졌는지는 의문이다.

  나 스스로 적극적으로 알리려고 하지 않은 측면도 있다. 사실 강연 요청이 와도 거절한다. 지금 만드는 그림책에 집중할 시간도 모자라는데 강연 준비까지 하는 게 힘들기도 하고. 또 나는 지루한 걸 못 참는다. 여기저기서 강연하려면 똑같은 얘기를 여러 번 해야 하는데 두 번만 반복해도 김이 빠진다. 멋있는 척하면서 재미있게 얘기하는 건 못 하겠다. 작업실에서 작가들 밥해주고 같이 노는 게 좋고, 유명한 사람이 되고 싶진 않다.

이후 한겨레아이들에서 출간된 '우리 이웃 그림책' 시리즈를 기획하기도 했다.

한겨레아이들 편집부의 제안으로 시작했다. 현재의 삶이 담긴 건강한 그림책을 만들고 싶었고, 어린이책 기획자이자 작가인 신옥희 씨와 같이 이야기를 먼저 찾기 시작했다. 《슈퍼댁 씨름대회 출전기》의 글은 원래 김명자 작가가 라디오 방송 사연을 듣고 창작해낸 판소리 연극이다. 그림을 그린 최미란 작가는 신옥희 씨와 손을 꼭 잡고 여성씨름대회에 취재를 가서 현장에서 스케치를 해 그림을 완성했다. 《천하태평 금금이의 치매 엄마 간병기》의 글은 김혜원 작가가 10여 년 치매 어머니를 간병했던 이야기인데 판소리 장단에 맞게 다시 쓴 것이다. 글에 담긴 주인공의 천연덕스러움을 잘 표현해줄 이영경 작가에게 그림 작업을 의뢰했다. 이영경 작가는 요양원을 취재하면서 그림책을 완성했다. 세번째 책 《오 과장 서해바다 표류기》는 샐러리맨의 삶이라는 방향만 잡은 상태에서 어떤 이유인지 기억나지 않지만 한겨레아이들 내부에서 만든 것으로 알고 있다.

이후에는 그림책 글을 쓰기도 하셨다.

《불러 보아요》[20] 《씨앗 세 알 심었더니》[21] 딱 두 권의 그림책 글을 썼다.《불러 보아요》의 글은 시리즈를 채우려고 아무것도 모르고 머리로 쓴 것이다.《씨앗 세 알 심었더니》도 딱히 그림책 글을 쓰려고 한 것은 아니었다. 친구인 윤봉선 작가에게 '당신이 이 글을 버리든 삶아먹든 마음대로 하라'고 주었던 것이 그림책이 됐다. 난생처음 편집자에게 조언을 당하면서 그동안 내가 작가들에게 무슨 짓을 했는지 알게 됐다. 앞으로도 자연스럽게 떠오르는 게 있다면 모르겠지만, 딱히 글을 쓰진 않을 것 같다.

<u>스스로 디자이너, 기획자, 창작자 중 어느 쪽에 더 가깝다고 여기나?</u>
딱히 구분해서 생각해본 적이 없다. 작업 공정이나 방식에 경계를 두지 않는 편이다.

> "작가나 편집자에게서 성의, 눈물, 몸부림 등이
> 느껴지면 느껴질수록 시간이 흐르는 걸 잊게 된다"

<u>그림책 기획자는 무엇을 하는 사람인가?</u>
글쎄, 나도 내 정체가 궁금하다. "넌 뭐 하는 사람이야?" 물으면 지금도 답이 어렵다. 디자이너인지 기획자인지 구분도 안 되고. 작가가 될 수도 있었겠지만, 그러려면 무언가 깊이 들여다보고

파고들어야 되는데, 나는 자꾸 질문이 먼저 떠른다. '이건 왜 이럴까? 왜 이게 당연해?' 남들이 안 하는 엉뚱한 생각을 많이 하는 것 같다. '이런 건 그림책이 안 되나? 이렇게 생각해보면 안 되나? 되나 안 되나 한번 해보자' 이렇게 출발한다. 질문하는 사람, 엉뚱한 것을 상상하는 사람. 일단 나는 그런 그림책 기획자다.

그림책 시리즈 기획부터 출간까지 어떤 과정을 거치게 되는지 구체적으로 듣고 싶다.

기획은 늘 내가 좋아하는 것들로부터 시작된다. 몇 년간 관련된 이론서와 그림책이 될 글들을 수집한다. 그림책의 텍스트가 될 글 리스트를 먼저 만들고, 리스트에 있는 글을 그림책으로 만들 작가를 선정한다. 출판사와 계약을 하고 난 뒤에는 작가들에게 글 리스트를 전부 공개하고 기획 설명회를 두어 차례 갖고, 작가들은 글을 다 검토한 뒤에 글을 선택하게 된다. 글과 작가가 짝지어지면, 그때부터 작품 분석과 취재, 자료 검토 등을 통해 그림책을 함께 만들어간다. 필요에 따라 참여 작가 전부 모여 특강도 듣고, 참고가 될 그림책을 같이 보기도 한다. 그 뒤로는 일반적인 그림책 편집 과정과 비슷하다. 작가는 여러 번의 콘티 수정, 채색 방식 결정, 캐릭터 분석 등을 통해서 원화를 완성해 간다. 나는 콘티, 밑그림, 원화 중간 과정에서 대략적인 편집 디자인의 방향과 아이디어를 정리하고. 원화가 완성된 뒤에는 구체적인 디자인 작업을 통해 책을 완성하게 된다.

기획이라는 일의 영역은 어디까지일까?

내가 일을 하고 돈을 받는 항목의 이름이 '기획'인 거지, 이게 진짜 기획인지는 나도 모르겠다. 또 기획이 저작권의 항목인지도 잘 모르겠고. 그래도 '우리시그림책'을 시작할 때는 기획자의 권리를 어떤 식으로든 보장받고 싶어서 기획자에게도 인세를 달라고 했다. 돈이 많고 적고를 떠나 상징성을 확보하고 싶었다.

좋은 선례였다.

작가 인세 10퍼센트 중 일부를 내가 갖고 싶지는 않았다. 출판사의 시리즈를 만들어주는 일이니까 출판사에서 양보하는 게 맞다고 생각했고. 처음에는 정말 아무것도 모르고, 작가 인세가 총 10퍼센트라면 기획자가 5퍼센트 정도는 받아도 되는 거 아닌가 생각했다. 작가들과 상의를 했는데 그들 입장은 또 달랐기 때문에 기획 인세 2퍼센트로 합의가 됐다. 결국 작가 인세 9퍼센트, 기획 인세 2퍼센트로 출판사와 계약을 했다. 기획료를 인세로 지급하는 계약은 전에는 없었다. 작가 인세를 보존하면서 기획 인세라는 개념을 만들어냈다는 점에서 의미가 있지 사실 저작권료 자체는 적다.

시리즈라는 것은 하나의 목적, 의도가 있다. 그 중심에는 기획자 내면의 목소리, 메시지가 있을 테고. 그간 진행한 시리즈에 본인의 가치관이나 인간, 삶을 바라보는 시선이 녹아 있겠다는 생각도 든다.

가능하다면 만들어진 이야기 말고, 작가들 자신의 속 깊은 이야기, 이 시대를 사는 삶의 모습이 나와줬으면 한다. 내 생각에 작가는 무엇인가를 알려주고 가르쳐주는 존재이기보다 대중을 향해서 벌거벗어주는 존재다. 인간이 얼마나 치졸하고 찌질한지, 외로운지, 별 볼일 없는지…… 작가들이 들으면 섭섭하려나? 시리즈 안에 녹아 있는 내 내면의 목소리를 굳이 설명하자면, 어떤 형편없는 조건이라도 시대와 함께 오손도손 살고 싶다, 한 권의 책 또한 우리 삶과 오손도손 함께 있기를 바란다 정도가 되겠다.

시리즈를 만들어가는 과정에서는 어떤 점을 가장 중요하게 여기나?

일단 작업이 시작되고 나면, 어떻게 하면 작가들에게 풍부한 자료와 자극을 주고, 상상의 폭을 넓힐 수 있는가를 제일 중요하게 생각한다. 그래서 전시도 보고, 취재도 가고, 특강도 하고. 무엇보다 같은 시리즈를 만들어가는 작가들 사이에 유대와 연대를 잘 만들려고 애쓰는 편이다. 매번 새로운 시도를 하는 터라, 같은 고민을 안고 있는 작가들끼리 주고받는 힌트가 귀중하다고 생각한다.

완간까지 긴 시간이 걸리는 작업이기도 하다. 그 지난한 과정을 버티게 해주는 원동력은 무엇일까?

가장 큰 원동력은 역시 함께 일하는 작업자들이다. 내가 공감이 잘되는 편이라서, 작가나 편집자에게서 성의, 눈물, 몸부림 등이 느껴지면 느껴질수록 시간이 흐르는 걸 잊게 된다. 또, 길 없는 길을 가는 즐거움 같은 것도 있다. 매번 길이 안 보여서 두렵고 두근두근하지만, 더듬대면서 길을 찾아내는 즐거움이란 비할 데가 없다. 물론 늘 성공하는 것은 아니지만. 그림책 작업을 오래 해서 그런가, 성격이 이상해서 그런가, 뻔한 이야기, 알 것만 같은 작업은 금방 지루해진다.

작가들에게 무언가 창작해보라고 판을 벌이는 사람, 그게 바로 기획자 아닐까 싶기도 하다. 실제로 그림책 시리즈뿐 아니라 다양한 판을 벌이는 사람이다.

'시그림책'을 시작하려 할 때만 해도 판을 벌이고 그걸 통해 뭔가를 이루고 싶다고 생각했던 것 같다. 근데 지금은 기획자는 판만 벌이고 나머지는 작가에게 맡기면 되는 거 아닐까 싶다. 작가가 스스로 놀 수 있도록.

《수상한 작업실》[22]이라는 새로운 개념의 잡지도 창간했다. 작가와 작업자들이 자발적으로 모여서 출판사의 기획 없이 잡지를 만든다는 점이 신선했다.

《수상한 작업실》은 출판사 없이 작가 여럿과 편집자, 디자이너가 각각 자신의 작품을 실어 발표하는 형식으로 구상했다. 결과물의 성과물을 내는 것도 중요하지만, 자신만 바라보지 말고 서로를 바라보고 세상도 바라볼 수 있도록. 또 인하우스 편집자와 작가가 만나는 방식과는 또 다른 형태로 편집자와 작가가 만나는 방식은 없을까 생각해보기도 했고. 작가와 편집자, 디자이너가 서로를 조금 더 내밀하게 볼 수 있는 창문을 내고 아주 개인적인 작업을 통해서 서로를 이해하게 된다면 의미 있는 일 아닐까.

그림책 상을 만들었다고 들었다.

요즘 그림책 관련 상이 많아졌지 않나? 출판사에서 주는 상도 있고, '대한민국 그림책상'이라는 것도 생기고. 그런 엄숙한 것 말고 그림책 작업자들끼리 주는 재미있고 기운 나는 상을 만들고 싶었다. 한국일러스트레이션학교(Hills)[23] 설립자인 권윤덕 선생님, 디자이너 윤소연[24]과 만나 이런 이야기를 하다 여섯 번째 모예진 작가의 《어디로 가게》[25]를 첫번째 수상작으로 뽑고, 작업자들에게 상패 대신에 작은 화분을 줬다. 2024년에는 《어디로 가게》의 작업자들도 심사위원단에 들어왔고, 두번째 수상작으로 《빠삐용》[26]을 뽑았다. 이름도 매년 달라질 거다. 1회는 '오돌토 상'이었는데, 2회는 '오돌토꽃땅늘 상'이 됐다. 상 이름에 뜻이 있는 것은 아니고, 심사위원들이 소리 하나씩을 더하는 방식이다.[27]

누구보다 선배 화가들이다. 순수미술의 이억배, 정유정, 권윤덕[30], 정승각[31], 그림책과 그림책 디자인에 대해서 일일이 다. 선배들이 "10년만 꾹 참고 그림책을 엄청나게 달라져 있을 거다!" 하고 격려와 응박을 했던 게 가장 큰 힘이 되었다. 마쓰이 다다시의 《어린이 그림책의 세계》를 읽으면서 그림책을 시작했다고 볼 수 있다. 강연에서 "한국 그림책에는 역동성이 없다"는 말을 들은 뒤로 그림책에는 우리의 삶이 담겨야 한다고 생각했고, '시그림책'을 기획하면서는 모리스 샌닥처럼 하고자 했다. 마쓰이 다다시와 모리스 샌닥이 큰 영향을 주었다.

가장 훌륭하다고 생각하는 단 한 권의 그림책은?

단 한 권을 선정할 수는 없다. 다만 이주영 작가의 《두고 보자! 커다란 나무》[34], 모리스 샌닥의 《팝!》[35] 같은 그림책이다. 취향의 문제다.

그림책의 세계로 이끈 운명 같은 그림책이 있다면?

1990년대 초중반쯤, 그림책은 아이들의 것이라고 생각하고 있던 시절에 《아툭》[36]을 서점에서 봤다. 그림도 아름다웠지만 동물과 인간 사이의 완간까지 긴 시간이 걸리는 작업이기도 하다. 그 지난한 과정을 버티게 해주는 원동력은 무엇일까?

가장 큰 원동력은 역시 함께 일하는 작업자들이다. 내가 공감이 잘되는 편이라서, 작가나 편집자에게서 성의, 눈물, 몸부림 등이 느껴지면 느껴질수록 시간이 흐르는 걸 잊게 된다. 또, 길 없는 길을 가는 즐거움 같은 것도 있다. 매번 길이 안 보여서 두렵고 두근두근하지만, 더듬대면서 길을 찾아내는 즐거움이란 비할 데가 없다. 물론 늘 성공하는 것은 아니지만. 그림책 작업을 오래 해서 그런가, 성격이 이상해서 그런가, 뻔한 이야기, 알 것만 같은 작업은 금방 지루해진다.

작가들에게 무언가 창작해보라고 판을 벌이는 사람, 그게 바로 기획자 아닐까 싶기도 하다. 실제로 그림책 시리즈뿐 아니라 다양한 판을 벌이는 사람이다.

'시그림책'을 시작하려 할 때만 해도 판을 벌이고 그걸 통해 뭔가를 이루고 싶다고 생각했던 것 같다. 근데 지금은 기획자는 판만 벌이고 나머지는 작가에게 맡기면 되는 거 아닐까 싶다. 작가가 스스로 놀 수 있도록.

《수상한 작업실》[22]이라는 새로운 개념의 잡지도 창간했다. 작가와 작업자들이 자발적으로 모여서 출판사의 기획 없이 잡지를 만든다는 점이 신선했다.

《수상한 작업실》은 출판사 없이 작가 여럿과 편집자, 디자이너가 각각 자신의 작품을 실어 발표하는 형식으로 구상했다. 창작의 성과물을 내는 것도 중요하지만, 자신만 바라보지 말고 남도 바라보고 세상도 바라볼 수 있도록. 또 인하우스 편집자와 작가가 만나는 방식과는 또 다른 형태로 편집자와 작가가 만날 수는 없을까 생각해보기도 했고. 작가와 편집자, 디자이너가 서로를 조금 더 내밀하게 볼 수 있는 창문을 내고 아주 개인적인 작업을 통해서 서로를 이해하게 된다면 의미 있는 일 아닐까?

그림책 상을 만들었다고 들었다.

요즘 그림책 관련 상이 많아졌지 않나? 출판사에서 주는 상도 있고, '대한민국 그림책상'이라는 것도 생기고. 그런 엄숙한 거 말고 그림책 작업자들끼리 주는 재미있고 기운 나는 상을 만들고 싶었다. 한국일러스트레이션학교(Hills)[23] 설립자인 권혁수 선생님, 디자이너 윤소연[24]과 만나 이런 이야기를 하다 여차저차 모예진 작가의 《어디로 가게》[25]를 첫번째 수상작으로 뽑고 작업자들에게 상패 대신에 작은 화분을 줬다. 2024년에는 《어디로 가게》의 작업자들도 심사위원단에 들어왔고, 두번째 수상작으로 《빠삐용》[26]을 뽑았다. 이름도 매년 달라질 거다. 1회는 '오돌토 상'이었는데, 2회는 '오돌토꽃땅늘 상'이 됐다. 상 이름에 뜻이 있는 것은 아니고, 심사위원들이 소리 하나씩을 더하는 방식이다.[27]

"삶과 시대를 담고자 하는
인식이 부족한 것 같아 아쉽다"

어떤 계기로 그림책을 만들게 됐나?

대학에서 동양화를 전공했다. 1980~90년대에는 미술 운동[28]을 열심히 했고. 화가를 꿈꾸었지 디자이너가 될 거란 상상은 한 번도 해본 적이 없다. 1986년 미대를 졸업한 뒤 가난한 화가 지망생이 되어 잡지사에서 아르바이트를 하다 몇 년간 디자인 사무실에서 일하기도 했다. 그때 책이 만들어지는 과정을 배운 셈이다. 전격적으로 그림을 그리겠다고 결심하고 디자인 사무실을 그만뒀는데, 이광익[29] 작가가 돈벌이를 소개해줬다. 매달 잡지 한 권을 만드는 일이었다. 그때 생각으로는 일주일 밤새워 일하면 3주는 그림을 그릴 수 있겠더라. 막상 일을 하기로 했더니, 사무실도 필요하고 사업자등록증도 내야 했다. 달리는 그렇게 만들어졌다. 그러고 나니 돈 들 일이 하나둘이 아니더라. 이 일 저 일 하다가 디자인 사무실이 되어버렸다. 한겨레아이들의 옛이야기 동화책을 시작으로 어린이책을 만들게 되었고 그 뒤로 그림책 디자인도 맡았다. 돌아보면 참 우스운 이야기다.

내게 기획자 고선아는 그림책이란 어떤 것인지 가르쳐준 스승 같은 존재다. 실장님께도 혹시 그런 스승이 있었는지 궁금하다.

누구보다 선배 화가들이다. 순수미술 판에서 그림책 판으로 온 이억배, 정유정, 권윤덕[30], 정승각[31], 이태수[32] 등 선배들이 그림책과 그림책 디자인에 대해서 일일이 가르쳐주고 손잡아주었다. 선배들이 "10년만 꾹 참고 그림책 만들어봐라! 10년 뒤에 엄청나게 달라져 있을 거다!" 하고 어르고 달래면서 은근한 협박을 했던 게 가장 큰 힘이 되었다. 책도 많이 읽었는데, 특히 마쓰이 다다시의 《어린이 그림책의 세계》《어린이와 그림책》[33]을 읽으면서 그림책을 시작했다고 볼 수 있다. 마쓰이 다다시의 강연에서 "한국 그림책에는 역동적인 삶이 담겨 있다."는 말을 들은 뒤로 그림책에는 우리의 삶이 담겨야 한다는 생각을 굳혔고. '시그림책'을 기획하면서는 모리스 샌닥의 그림책을 공부했다. 마쓰이 다다시와 모리스 샌닥이 길잡이가 되어준 셈이다.

가장 훌륭하다고 생각하는 단 한 권의 그림책을 소개한다면?

단 한 권을 선정할 수는 없다. 다만 좋아하는 책은 사노 요코의 《두고 보자! 커다란 나무》[34], 모리스 샌닥의 《히글티 피글티 팝!》[35] 같은 그림책이다. 취향의 문제다.

그림책의 세계로 이끈 운명 같은 그림책이 있었나?

1990년대 초중반쯤, 그림책은 아이들 책이라는 막연한 생각만 하고 있던 시절에 《아툭》[36]을 서점에서 발견해 구입했다. 그림도 아름다웠지만 동물과 인간 사이의 깊은 이야기, 북극 원주민

아이의 감정이 느껴졌다. '그림책이란 참 멋지구나' 생각했다. 이진아 작가의 《곰돌이 아기그림책》[37]도 비슷한 시기에 구입한 그림책이다. 너무도 사랑스럽고, 입체를 만든 방식이 놀라웠다. 이 책들은 지금까지 소중히 간직하고 있다.

처음 디자인한 그림책이 궁금하다.

2000년에 출간된 《까치와 소담이의 수수께끼 놀이》[38]다. 그때는 순수미술 쪽 작가들이 그림책 판에 갓 들어왔고, 외국의 좋은 그림책이 번역 출간되고 있었다. 그림책에 대해서 작가도, 디자이너도, 편집자도 잘 몰라서 더듬더듬 만들었다. 당연한 결과로, 작가와 출판사는 우리나라 그림책의 정체성을 찾는 데 몰두했고. 이억배, 정승각, 권윤덕, 정유정, 이영경 등의 작가들이 우리나라 그림책의 얼굴로 등장했다. 그림책이 출간되면 8천~1만 부는 기본으로 팔리던 시절이었다.

24년이 흘렀다. 요즘 출간되는 그림책들을 보면 어떤 생각이 드나?

지금 작가들이 그때보다 훨씬 자유롭고 표현 방식도 다양하다. 또 보편적인 정서를 담은 그림책이 많이 만들어지고 있다. 폭이 넓어진 셈이다. 어려서부터 그림책을 접해온 사람들이 자연스럽게 그림책 작가가 되어서 그림책 문법에 훨씬 익숙하고. 생각지도 못한 다양한 아이디어와 새로운 표현 양식의 그림책들이 등장했다. 그림책 위상도 높아졌고 작가층과 독자층도 넓어졌다. 대신 신간이 살아남기는 쉽지 않은 시대가 됐다.

독자를 손쉽게 위로하는 그림책이 너무 많아진 건 아닐까 싶어 아쉬울 때도 있다. 내가 쓰는 책도 그렇지 않은가 하는 위기감도 든다.

삶과 시대를 담고자 하는 인식이 부족한 것 같아 아쉽다. 꼰대의 이야기지만, 이제 나는 늙은 사람이고, 시대상하고 안 맞을 수 있지만 내가 만들고 싶은 게 책일까, 상품일까 고민하게 된다. 그러면 또 책은 뭘까? 상품으로서 좋은 책은 많이 나왔다. 그런데 나에게 "이게 책이니?" 하고 묻는다면 나는 "아니야." 하고 대답할 거다. 시대가 원하는 책과 내가 생각하는 책은 점점 더 달라지고 있다. 그럼에도 불구하고 나는 내가 할 수 있는 것, 하고 싶은 것을 할 거다.

상품으로서의 책도 정말 잘 만들고 싶은데 잘 안 되더라. 언제 베스트셀러 그림책을 쓸 수 있을지 모르겠다.

나도 그렇다. 베스트셀러는 어떻게 만드는 걸까? 30년 전에는 디자인이 무엇인지도 몰랐고, 그저 좋은 그림책을 만들어야 한다는 강박관념에 시달렸다. 좋은 그림책은 당연히 독자가 알아봐줄 거라고 생각했고. '시그림책'을 진행할 때는 한 권 한 권 나올 때마다 좋은 그림책이라고 생각했고, "이 책은 대박이 날 거다!" 했다. 하지만 대박 안 난 책이 훨씬 더 많았다.

책의 사회적인 역할을 늘 고민하나? 사회적인 메시지나 시대정신을 그림책에 담아야 한다는 의무감 같은 걸 의식하는지 궁금하다.

'담아야만 한다'가 아니라, 담을 수 있어야 하는 거다. 내가 이상적으로 생각하는 작가는 현실에 대해서 끊임없이 질문하는 능력이 있는 사람이다. 사회적 활동에 적극적으로 참여하라는 뜻은 아니다. 시대상이라는 게 꼭 정치적인 것만은 아니니까. 자기 이야기에 시대의 어떤 포인트를 연결해서 뭔가 끄집어내야 좋은 책이 나온다. 컵 하나를 볼 때도, 컵이 오늘도 그냥 컵으로 보이고 내일도 컵으로 보인다면 어떻게 창작을 하겠나? '이게 컵 맞아?' 부정해보고, '이 시대에 이걸 컵으로 바라보는 게 맞아?' 하고 계속 질문을 던져야 한다. 작가만이 아니라 모든 그림책 작업자들의 숙명일 테다. 내가 생각하는 이상적인 의미에서 그렇다는 거다. 지금 세대는 또 나름의 방식으로 현실을 다른 각도에서 바라볼 수 있을 거라고 생각한다. 현실의 문제, 시대를 바라보는 시선을 두고 서로 논란이 좀 일어나거나 싸움이 붙으면 또 어떤가? 책을 중심으로 그렇게 토론이 활성화되면 좋겠다.

어린이책을 쓰고 만들다보니, 자꾸 안전한 방향으로만 가려고 한다. 논란의 여지가 있는 것은 나도 모르게 경계하게 되고.

나도 그게 갈등이 된다. 때로는 어린이 독자로부터 많이 벗어난 생각들을 하니까. 사실 어린이라서 못 다룰 주제는 없다고 생각한다. 그림책의 영역이 넓어져야 되는 것과는 또 다른 얘기다. 나아가서 이제는 '어린이책'보다는 '그림책'이라는 형식에 더 집중하고 있다. 노인 인구가 많아지고 있으니까 새로운 독자층으로 그쪽을 고민하기도 하고. 다만 하고 있는 이야기의 독자를 고려하고 존중하는 건 필요하다. 그러니까 늘 기로에 서 있달까?

밥하고 음식 나눠주는 일이 과연 기획자가 할 일인가 하고 물을지도 모르겠다. 내 결론은, 이게 내가 할 일이라는 거다

오늘 이야기하고 싶은 또 하나의 키워드는 바로 '사랑방'이라고 생각한다. 약 30년간 같은 자리를 지켰던 달리 사무실은 작가, 편집자, 디자이너 등 수많은 그림책 작업자들이 먹고 자고 회의하고 싸우고 놀았던 역사적인 공간이었다.

나한테는 사랑방이 너무 중요하다. 처음 달리 사무실을 차렸을 때 같이 미술 운동하던 작가들을 초대했는데, 그 친구들도 하나같이 돈이 없었다. 그래서 선물이랍시고 봉투에 1만 원, 2만 원씩 넣어 왔다. 청계천에서 '어린이마을' 시리즈 전권을 중고로 사서 들고 오기도 하고. 감동이었다. 그들이 모아준 돈이 달리의 사업자금이 된 셈이다. 그러고는 좁은 사무실에서 밤새도록 막걸리를 마시면서 집에도 안 가더라. 지금도 나는 누가 찾아온다고 하면 밥을 먼저 한다. 누가 김치나 빵 같은 걸 잔뜩 가져오면 이 사람 저 사람 다 나눠주고. 좋은 게 생기면 신나게 들고 와서 나눌 수 있는 자리, 그게 바로 달리였다. 밥하고 음식 나눠주는 일이 과연 기획자가 할 일인가 하고 물을지도 모르겠다. 내 결론은, 이게 내가 할 일이라는 거다.

매우 드물고 독특한 작업 방식이라는 생각도 든다.

나는 이제 나이를 먹었다. 요즘 작업자들은 나보다 훨씬 젊은 사람들이고, 모든 게 너무 빨리 변하는 사회라서 내가 무슨 역할을 한다거나, 자극을 줄 수 있을까 싶다. 그러니까 큰 기획 방향을 정하고 참여할 작가들을 모으는 정도만 한 다음에는 그냥 사무실에서 밥 차려주는 걸 할 거다. 나도 다른 사람들처럼 멋있는 말을 하고 싶은데 사실 나한테 중요한 건 밥이다.

사랑방과 관련된 잊지 못할 에피소드를 하나 소개해달라.

얼마 전에 이상한 경험을 했다. 그간 같이 일해온 작가, 작업자들, 그 친구들이 사무실에서 내 환갑잔치를 열어준 거다. 잔칫상을 차려놓고 누군가는 울기도 하고, 누군가는 편지를 주기도 하고, 오합지졸로 모여서 놀았다. 그 일이 있은 뒤로 뭔가 확 바뀐 거 같더라. '뭐가 이렇게 다르지?' 하고 보니까 갑자기 사람들이 나를 존중해주고 존경해주는 것 같았다. 지금도 이게 뭘까 싶다. 내가 뭐 '어마무시' 끝내주는 그림책을 만든 것도 아니고 잔치 한 번 했을 뿐인데.

수많은 그림책 창작자들이 고선아를 사랑한다는 걸 보여준 사건이 바로 환갑잔치였다. 그래서 고선아라는 사람의 존재를 몰랐던 사람들도, 그림책 창작자들이 이렇게까지 사랑하는 작업자라면 존경할 만하다고 생각하게 된 거 아닐까?

내가 디자인하고 기획한 그림책들과는 무관하게 잔치를 통해 존중을 받기 시작하다니! 이렇게 이상한 일이 다 있다.

"그림책은 내 삶이다"

기획자이자 디자이너 고선아에게 그림책이란 어떤 의미인가?

뭐 대단치 않지만, 그림책은 내 삶이다. 그림책 작업이 제일 재미있고, 아직은 자꾸자꾸 새로운 생각이 찾아온다. 몸과 마음이 허락하는 한 그냥 쭉 이렇게 그림책을 만들며 살다 죽고 싶은? 하하.

앞으로의 계획이 궁금하다.

새로운 시리즈를 준비하고 있다. 구체적으로 밝힐 순 없지만 역시나 내가 좋아하는 글들로부터 시작됐다. 이 글들을 통해서 받은 위로와 공감과 감탄을 같이 나누고 싶었다. '내가 이걸 왜 시작했을까, 그냥 편하게 살걸' 하는 생각도 든다. 앞이 안 보이고, 불안하고. 그런데 작가들은 뭔가 나를 믿고 있는 눈치다. 그래서 솔직하게 말한다. 이런저런 방향을 생각해보긴 했는데 나도 잘 모르겠다고. 회의를 거칠 때마다 방향이나 이야기가 바뀌기도 한다. 생각해보면 옛날에는 기획자의 역할, 작가의 역할, 편집자의 역할 같은 걸 나누고 경계를 지켜야 된다고 여겼던 거 같다. 지금은 바뀌었다. 기획자가 꼭 답을 주는 역할을 해야 할까? 그냥 작가가 해결해나갈 때까지 기다려야 하는 것 아닐까?

마지막으로, 그림책을 사랑하는 독자 여러분께 남기고 싶은 말이 있을까?

맘껏 즐겨달라.

주석

1. 달리 크리에이티브는 1996년 디자이너이자 기획자 고선아와 디자이너 신용주가 함께 만든 어린이책 편집, 기획, 디자인실이다. 이후 편집자 홍진숙과 함께 '우리시그림책' 시리즈를 기획했다.
2. '우리시그림책' 시리즈(창비, 2003~2014). 총 15권. 248쪽 참고.
3. '우리 이웃 그림책' 시리즈(한겨레아이들, 2014~2017). 총 3권. 248쪽 참고.
4. 고정순 지음,《가드를 올리고》, 전소현 편집, 만만한책방, 2017.
5. 조은영 지음,《우리는 지금도 친구일까?》, 김진 편집, 사계절, 2022.
6. 송미경 글, 장선환 그림,《나는 흐른다》, 서정민 편집, 창비, 2023.
7. 허은미 글, 한지선 그림,《파란 대문을 열면》, 엄희정 편집, 문학동네, 2023.
8. 권송이 지음,《풍덩》, 안경숙 편집, 웅진주니어, 2023.
9. 박현종 글, 조원희 그림,《작은데?》, 박현종 편집, 종이종, 2023.
10. 곽미영 글, 지은 그림,《받침구조대》, 전소현 편집, 만만한책방, 2023
11. 김화요 글, 오윤화 그림,《내가 모르는 사이에》, 강지영 편집, 웅진주니어, 2021, 제12회 웅진주니어 문학상 장편 부문 대상 수상작.
12. 최연숙 글, 최경식 그림,《경성 기억 극장》, 강지영 편집, 웅진주니어, 2022, 제13회 웅진주니어 문학상 장편 부문 우수상 수상작.
13. 존 로 타운젠드(John Rowe Townsend) 지음,《어린이책의 역사》, 강무홍 옮김, 시공주니어, 1996.
14. 모리스 샌닥(Maurice Sendak)은 어린이를 독립된 인격체로 표현한 새로운 그림책 세계를 열었다. 대표작으로《괴물들이 사는 나라》(강무홍 옮김, 시공주니어, 2002, 1964년 칼데콧 상),《깊은 밤 부엌에서》(강무홍 옮김, 시공주니어, 1994, 1971년 칼데콧 아너 상),《잃어버린 동생을 찾아서》(김경미 옮김, 시공주니어, 2015, 1982년 칼데콧 아너 상) 등이 있다. 1970년에 한스 크리스티안 안데르센 상을, 2003년에 아스트리드 린드그렌 상을 받았다.
15. 백석 시, 김세현 그림,《준치 가시》, 창비, 2006. 우리시그림책 8.
16. 인쇄에 쓰이는 종이는 크게 도공지(coated paper)와 비도공지(uncoated paper)로

나뉜다. 도공지는 표면을 하얗고 매끈하게 도공 처리한 종이로, 스노우화이트지, 아트지 등이 있다. 비도공지는 도공 처리를 하지 않아 질감이 느껴지는 종이로 백상지, 모조지 등이 해당된다. '우리시그림책'은 효과적인 발색을 위해 본문 종이로 도공지 가운데 비도공지 느낌이 나는 고급지인 트리파인실크, 노블지, 랑데부, 아르떼를 주로 사용했다.

17. 교정 인쇄의 줄임말로, 인쇄에 앞서 소량 샘플 인쇄하는 과정을 말한다. 그림책에서 교정 인쇄는 원화의 색이 잘 구현될 수 있을지 확인하는 마지막 단계로 매우 중요하다.

18. 최정선은 그림책 기획, 편집자이자 작가이다. 우리나라 대표 그림책 출판사인 보림의 편집주간으로 일했다. 《머리 감는 책》(김동수 그림, 최정선 편집, 장승아 디자인, 보림, 2018), 《반대말》(안윤모 그림, 최정선 편집, 백주희 디자인, 보림, 2009) 등을 썼다.

19. 서애경은 기획 편집자로 어린이책, 청소년 책, 성인 책을 두루 기획하고 만든다. 《고맙습니다, 선생님》(패트리샤 폴라코 지음, 미래엔아이세움, 2001), 《앤서니 브라운의 행복한 미술관》(앤서니 브라운 지음, 웅진주니어, 2004), 《길거리 가수 새미》(찰스 키핑 지음, 사계절, 2005), 《선생님은 몬스터!》(피터 브라운 지음, 사계절, 2015) 등의 그림책을 우리말로 옮겼다.

20. 원혜영 그림, 《불러 보아요》, 김장성 편집, 사계절, 2015(초판은 2003년 출간).

21. 윤봉선 그림, 《씨앗 세 알 심었더니》, 최정선 편집, 장승아 디자인, 보림, 2017.

22. 《수상한 작업실》은 고선아가 기획한, 그림책 창작자들이 직접 만드는 독립 잡지다. 2014년부터 2018년까지 매년 1호씩, 총 5호를 발간했고, 세월호 참사를 기억하고 추모하기 위해 번외편 《다시, 봄》과 《마주+보다》를 발간했다. 매 호마다 새로운 작업자가 참여하는 것을 원칙으로 삼고, 1년간 작가, 편집자, 디자이너 등이 주제와 작업을 공유하고 토론하면서 다양한 형식으로 한 권의 잡지를 만들었다. 참여한 창작자의 수는 100여 명에 이른다.

23. 한국일러스트레이션학교(Hills)는 1999년 문을 연 일러스트레이터 양성 학교다. 체계적인 이론 및 실습 수업을 통해 수많은 일러스트레이터와 그림책 작가를 배출했다.

24. 윤소연은 유아, 아동, 청소년 책 전문 디자이너로, 하늘·민 디자인 스튜디오를 운영했다. 《미움》(조원희 지음, 윤소현 편집, 만만한책방, 2020) 《팥빙수의 전설》(이지은 지음, 신혜영 편집, 웅진주니어, 2019) 《말들이 사는 나라》(윤여림 글, 최미란 그림, 신혜영 편집, 위즈덤하우스, 2019) 《우리는 언제나 다시 만나》(윤여림 글, 안녕달 그림, 신혜영 편집, 위즈덤하우스, 2017) 등의 그림책을 디자인했다.

25. 모예진 지음, 《어디로 가게》, 엄희정 편집, 이은하 디자인, 문학동네, 2018.

26. 김선배 지음,《빠삐용》, 신혜영 편집, 윤소연 디자인, 호랑이꿈, 2024, 2024 대한민국 그림책상 특별상 수상작.

27. 3회 수상작은《호두와 사람》(조원희 지음, 김진 편집, 김재미 디자인, 사계절, 2024)이다. 2025년 4월 시상식이 열렸고, 상의 이름은 '오돌토꽃당늘숲 상'으로 바뀌었다.

28. 유신 체제에서 신군부로 이어진 혼란스러운 정국에서 민주주의를 실현하고 평등한 세상을 이루려 했던 미술계의 움직임. 기존 미술계에 대한 반성, 사회 비판과 더불어 민중의 삶을 그림에 담으려 했다.

29. 이광익은 일러스트레이터이자 그림책 작가로 100권이 넘는 어린이책에 그림을 그렸다. 우리시그림책 12번인《쨍아》(천정철 시, 창비, 2008)를 그렸다.

30. 권윤덕, 이억배, 정유정은 1987년 '시민미술학교'에서 만나 그림책 모임을 만들어 활동했다. 이 시기에 우리 그림책 역사에서 기념비적 작품들인《솔이의 추석 이야기》 (이억배 지음, 길벗어린이, 1995),《고사리손 요리책》(배영희 글, 정유정 그림, 2007, 초판은 1995년),《만희네 집》(권윤덕 지음, 길벗어린이, 1995)이 탄생했다.

31. 정승각은 1994년 삽사리 유래담을 고구려 고분벽화, 고려 불화, 조선 민화 등을 바탕으로 재창조한 그림책《까막나라에서 온 삽사리》(권윤덕 디자인, 초방책방)로 우리나라 그림책의 새 장을 열었다. 그림책《강아지똥》(권정생 글, 길벗어린이, 1996),《오소리네 집 꽃밭》(권정생 글, 길벗어린이, 1997) 등을 그렸다.

32. 이태수는 철저한 자연 관찰을 토대로 우리나라 자연을 세밀화로 담아냈다.《세밀화로 그린 보리 아기그림책》(이태수 외 지음, 보리 편집부 엮음, 보리, 2023. 전3권. 초판은 1994년. 1995년 한국어린이도서상 수상작),《심심해서 그랬어》(윤구병 글, 보리, 1997) 등을 그렸다.

33. 마쓰이 다다시(松居直) 지음,《어린이 그림책의 세계》(이상금 옮기고 엮음, 한림출판사, 1996),《어린이와 그림책》(이상금 옮김, 샘터사, 2012).

34. 사노 요코(佐野洋子) 지음,《두고 보자! 커다란 나무》, 이선아 옮김, 시공주니어, 2004.

35. 모리스 샌닥 지음,《히글티 피글티 팝!》, 홍연미 옮김, 시공주니어, 2018.

36. 미샤 다미안(Mischa Damjan) 지음,《아툭》, 최권행 옮김, 한마당, 1995.

37. 이진아 그림, 이창호 사진,《곰돌이 아기그림책》, 웅진주니어, 1993~1994. 전3권.

38. 김성은 글, 김종도 그림,《까치와 소담이의 수수께끼 놀이》, 김장성 편집, 사계절, 2000.

진짜 살아 있는 이야기를
쓰려면

작가 김효은

◆◆

김효은 작가와 나는 한 번도 만나거나 책 작업을 같이 한 적이 없다. (인터뷰집을 출간하기로 한 뒤 우연히 달리 사무실에서 만나 비로소 첫인사를 나누었다.) 이 책에 등장하는 상당수의 사람들이 내가 가까이에서 지켜보았거나 함께 협업했던 선배들인 것과는 대조적이다. 책을 통해 본 김효은 작가는 성실하고, 자신이 하고자 하는 이야기를 차근차근 열심히 파고들어가는, 진심이 있는 작가였다. 김효은 작가를 섭외하기로 결정한 뒤, 오랜 시간 그와 책을 함께 만든 문학동네 엄희정 편집자에게 내가 갖고 있는 김효은 작가에 대한 인상을 밝혔더니 "딱 맞는 사람"이라는 답이 돌아왔다. 역시, 책은 작가를 숨길 수 없는 법. 2016년 첫 창작 그림책 《나는 지하철입니다》[1] 출간 뒤 단숨에 베스트셀러 그림책 작가가 되었을 뿐 아니라 세계일러스트어워드, 롯데출판문화대상 본상 등을 수상한 데 이어 《뉴욕타임스》 '올해의 그림책'에 오르기까지 그야말로 센세이션을 일으키며 주목받았지만, 그래서 많은 그림책 관계자들이 어서 빨리 그의 두번째 그림책이 출간되기를 고대했지만, 김효은 작가는 조용히 그리고 꾸준히 그림만 그렸다. 마치 그 모든 일이 일어나지 않았다는 듯이. 그의 마음속에 무엇이 들어 있는지, 무슨 마음으로 다음 그림책을 구상하고 있는지 궁금했다. 6년 뒤인 2022년 두번째 창작 그림책《우리가 케이크를 먹는 방법》[2]이 출간되었다. 김효은 작가는 자신의 어린 시절로 돌아가 있었구나. 자기 자신을 탐구하고 있었구나. 어린 시절 그의 목소리가 30여 년 뒤 그림책이 되어 메아리치는 것을 보고, 무언가 커다란 주제 의식을 기대했던 나는 순간 부끄럽고, 한편으로 마음이 일렁였다. 나 자신의 역사로 돌아가 그것을 긍정하는 일보다 더 가치 있는 것이 또 있을까? 2024년 봄비가 오던 어느 날, 김효은 작가와 만나 그림책 작가가 마주하게 되는 영감의 순간과 그것을 시각화하는 기나긴 과정에 대해 긴 이야기를 나누었다. 이야기를 발견하는 짧은 순간, 그 순간이 오기까지의 기다림, 결국 이것이 그림책의 창작 과정 전부가 아닐까 하는 생각을 내내 하며 작고 다정한 김효은 작가의 목소리에 귀 기울였다. 이 대화에서 내가 느낀 감동과 영감이 독자에게도 고스란히 전달되기를 바란다.

"내가 쓸 수 있는 그림 언어, 나한테 맞는 표현 방식을 찾은 것 같았다"

2016년 출간된 첫 창작 그림책인 《나는 지하철입니다》로 이야기를 시작해보자. 2009년부터 일러스트레이터로 활동했으니 첫 창작 그림책 출간까지 8년이 걸린 셈이다.

일러스트레이터로 그림 작업을 오래 했다. 일러스트레이터로 일할 때는 내 '그림 언어'에 대한 고민이나 관심이 훨씬 컸다. 일러스트레이터는 이야기를 그림으로 전하는 사람이고, 그러려면 내가 잘 쓸 수 있는 그림 언어가 있어야 되는데 부족한 느낌이었다. 부족한 상태에서 창작 그림책을 시작하고 싶지는 않았다. 당시 늘 하던 게 드로잉이다. 누드 크로키를 2년 넘게 했고, 6~7년 정도 장소를 가리지 않고 드로잉을 했다. 그러고 나서야 내가 쓸 수 있는 그림 언어, 나한테 맞는 표현 방식을 찾은 것 같았다. 하지만 이 언어로 할 수 있는 이야기가 잘 떠오르지 않았다.

나의 그림 언어와 맞는 이야기를 찾지 못했다고 봐야 할까?

그림책에 대해 편견도 있었다. 베스트셀러 자리를 굳건히 지키고 있는 몇몇 그림책처럼 독자를 확 끌고 가서 재미있는 세계로 탁 던져놓을 만한 엄청난 사건과 환상적인 세계가 그 안에 있어야 할 것 같았다. 나한테 그런 이야기는 없었다. 내 그림 언어로 자연스럽게 할 수 있는 이야기, 누군가를 흉내내어 만든 이야기가 아니라 진짜 내가 하고 싶은 이야기를 찾고 싶었다.

《나는 지하철입니다》의 이야기는 어떻게 시작하게 되었나?

지하철에서 늘 드로잉을 했다. 사람들이 통화하는 소리를 듣거나, 맞은편에 앉은 사람의 표정을 보면서 무슨 일일까 상상하고 끄적이기도 하고. 한번은 추운 겨울, 거리에서 동전이 들어 있는 플라스틱 바구니를 앞에 놓고 앉아 있는 사람을 봤다. 다른 사람들처럼 나도 그분을 못 본 척했다. 집에 와서도 생각이 계속 맴돌았다. 왜 그랬을까. 아마 내가 책임질 수 없는 문제라고 생각했고 내 인생만으로도 피곤해서였겠지. 지하철에서 내가 사람들을 볼 때도 그런 마음이었구나 싶은 거다. 궁금하면서도 너무 많이 알고 싶지는 않은. 다가가면 어떤 무거운 인생이 있을 테니까. 그때 이런 이야기를 그림책으로 해볼까 하는 생각이 들었다. 늘 보는 모습이지만 당연하지 않은, 외면하고 싶지만 중요한 이야기. 마침 문학동네 출판사와 작업 중인 책이 있어서 편집자에게 원고를 보여줬는데 바로 계약이 됐다.

마치 퍼즐이 맞춰질 때까지 기다린 것 같은 느낌이다.

그렇다. 되게 조심스럽게, 긴가민가하면서 시작했다. 내 주변에 있는 평범한 사람들의 이야기를 다 넣어보려고 했다. 이게 과연 책이 될까, 이런 이야기를 재미있어할까, 걱정도 했고. 주변에서도 그런 책은 안 팔릴 거라고 했다. 이 책에 대해 많은 사람들이 관심 가지지 않고 궁금해하지 않는다 해도, 나는 하고 싶은 이야기를 해보겠다는 생각이었다.

《나는 지하철입니다》의 제작 비하인드를 다룬 동영상을 봤다. 책에 등장하는 인물들의 사연을 탄생부터 현재에 이르기까지 빼곡히 적어놓은 노트가 인상적이었다.

전체 이야기를 만들기 전에 책에 등장할 인물들의 이야기를 각각 만들었다. 짧은 글로 풀어서 쓰기도 했고, 인물의 가족, 성장 과정 등을 단순하게 표로 만들거나 조각조각 이미지로 모으기도 했다. 이 책은 다큐멘터리가 아니라 픽션이지만 그럼에도 인물들이 정말 우리 옆집에 사는 '살아 있는 사람'처럼 느껴졌으면 했다. 그래서 한 사람씩 생애를 짜서 편집자와 공유한 다음에 이야기를 엮어나갔다.

많은 더미[3]들이 나오더라.

원고를 기획하던 중에 달리 크리에이티브의 고선아 실장님께 글과 그림을 보여드린 적이 있다. 그 자리에서 바로 내 그림을 복사하더니 자르고 풀로 붙여서 첫번째 더미를 만들어주셨다. 그때는 그림책을 잘 몰라서 더미로 만들어서 봐야 한다는 생각도 안 하고 그냥 무작정 그리고 있었다. 그림책이란 이런 거구나, 내가 하는 작업이 진짜 책이 되는구나 하는 실감을 그때 처음 했다. 영상에 등장하는 더미 중 제일 작은 더미가 바로 고 실장님이 만들어준 더미다. 그때부터 더미를 만들어서 출간까지 십여 개가 됐다.

2020년에는 제3회 롯데출판문화대상 본상을 받고, 2021년에는 《뉴욕타임스》 '올해의 그림책'에 오르기도 했다. 수상 소식이 들려올 때마다 차기작에 대한 독자들의 기대도 점점 커졌다.

'한국의 누구누구처럼 됐으면 좋겠다'거나 '하야시 아키코[4] 같은 작가가 될 수 있을 것 같다'는 말도 들었다. 첫 책만큼 진지하고 의미 있는 책을 다음 그림책으로 내기를 바란다는 얘기도 들었고. 좀 부담스러웠다. 타인의 바람에 부응하고자 다음 책을 만든다면 그림책 작업을 오래 하기 어려울 것 같았다. 그래서 다음 작품은 아예 다른 걸 하기로 했다. '내가 기대한 게 아닌데' '실망했어'라는 반응이 오더라도 아예 가볍고 재밌고, 그림도 훨씬 단순한 책을 하자고. 결심을 하고서도 사실 바로 책 작업에 들어가지는 못했다.

"진짜 우리 가까이 있는
이야기를 건지고 싶다"

《나는 지하철입니다》는 타인에 대한 이야기인데 반해 후속작 《우리가 케이크를 먹는 방법》은 작가의 내면과 어린 시절에 대한 이야기다. 외부에서 내부로 시선을 전환한 계기가 있을까?

    나한테는 성인이 될 때까지 이 다섯 남매와 함께하는 삶이 아주 견고한 세계였다. 남들과는 정말 다르다, 나는 왜 이렇게 다른 집에서 태어났을까 하는 생각을 많이 했다. 막 미워도 하다 결국은 사랑하게 되는 과정을 겪었다. 나에게는 특별한 경험이다. 하지만 이 경험은 너무 개인적이라 그림책에 담는다는 것이 어쩐지 엄두가 나지 않았다. 마치 일기를 누군가에게 보여주기 부끄러운 마음 같은 것이었을까. 하지만 유년 시절의 경험은 나를 구성하는 아주 중요한 요소이기에 언젠가는 이 이야기를 풀어보리라 마음속으로 다짐만 하고 있었다. 《부엉이와 보름달》[5]이라는 그림책을 좋아하는데, 이 책을 만난 날을 잊지 못한다. 굉장히 신기했던 게 내가 경험한 적 없는 세계가 너무도 생생히 느껴지는 거다. 한밤중에 온통 눈으로 덮인 숲속으로 들어가 숨죽이며 부엉이를 만나는 일이 마치 내 눈앞에 실제로 펼쳐지는 것 같았다. 나도 누군가는 경험하지 못한 것을, 하지만 나는 경험한 특별한 것을 그림책에 잘 담아서 전달한다면 의미가 있겠다고 생각했다. 개인적인 이야기에서 출발했지만, 객관성을 가지고 그 안에서 보편적인 주제를 찾아가기 시작했다.

자전적인 가족 이야기면서 나눔에 대한 이야기이기도 하다.
개인적인 경험을 그대로 옮기기보다는 맥락을 만들고 싶었다. 이 이야기가 나만의 이야기가 아니라, 모양과 크기는 다르지만 각자 살면서 겪는 '나눔'이라는 보편적인 문제이기도 하다는 점을 생각했다. 어렸을 때는 다섯이서 무언가를 나누는 일에 제일 치열했다. 그리고 성인이 돼서는 나눔의 의미가 달라졌다. 한번은 어머니가 많이 아프셨는데 병간호를 다섯이 나누어 맡았다. 요일별로 담당을 정해 병원에 간 거다. '다섯이라 너무 좋은데 혼자였다면 참 힘들었겠다' 생각했다. 나눈다는 거……. '그렇게 치열하게 음식을 나눠 먹으면서 컸는데, 이제는 슬픔도 나누고 어려움을 나누게 됐구나, 나눈다는 것은 무얼까, 우리는 또 어떤 것을 나눌 수 있을까 하는 질문을 하게 되었고, 독자들에게도 이 질문을 던지고 싶었다.

이야기를 하다보니, 새로움이 아니라 익숙함 속에서 주로 영감을 얻는 것 같다.
여행 가거나 새로운 데 가서 이야기가 떠오르는 경우는 거의 없다. 주로 일상에서 늘 마주치는 것들을 가지고 이야기를 만들게 된다. 상상력이 그리 풍부한 사람이 아니라 그럴지도 모르겠지만. 내 생각에 작가는 낯선 무언가가 아니라 결국은 자기라는 존재에 대해서 끊임없이 질문하고 찾아가는 사람이다. 나는 누군가, 왜 이러고 살고 있는가, 어떻게 살아야 되는가…… 아침에 일어나서 밥을 먹고, 지하철을 타고, 오해가 생겨 누군가와 다투기도 하고, 약간 멋쩍어하고, 친구가 되고 싶어했다가 거절도 당하고, 이런 경험들은 평범하다. 반복적이고. 근데 이런 일상에서 나를 좀더 나은 사람으로 만들어주거나 내 생각이 조금 더 열리는 어떤 순간을 만날 때가 있다. 우리는 모두 죽음을 향해 가고 있지만, 그 길고 힘든 길 위에서 기쁨과 위로를 발견할 수 있다. 진짜 우리 가까이 있는 이야기를 건지고 싶다.

생각이 열리는 순간들이 구체적으로 궁금하다.

평소와 같은 하루를 지내다 어느 순간, 잠깐 다른 방향을 바라보면서 환기를 시킬 때 번뜩하고 어떤 장면이 눈에 들어오거나, 예상치 못한 작은 상황에서 마음에 찜찜함이든 감동이든 남을 때가 있다. 그런 순간들이 쌓여 시야가 변하고, 새로운 시선을 통해 바라보는 모습 속에서 이야기를 만나게 된다. 밤중 수유로 한참 씨름하고 겨우 아기를 재워놓고 바라보다 한순간, 어린 시절의 나를 생각하며 한동안 사랑하지 못했던 어린아이에 대한 이야기를 떠올리기도 했고, 아이와 산책하다 만난 동네 어르신의 '평범하게 자라라' 하는 덕담이 마음속에 박혀 있다가 이야기의 씨앗이 되기도 한다. 너무 익숙해진, 닳고 닳은 풍경에서 영감이 온다.

순간을 잊지 않고 저장하는 것이 창작의 시작이라는 점에 동감한다. 반면 그림책 작업은 순식간에 해치울 수 있는 일이 아니다. 완성하기까지 보통 2~3년이 필요하다. 이 간극이 괴롭지는 않나?

나는 말을 많이 하면 괴로워지는 성격이다. 진심으로 어떤 말을 했으나 집에 돌아와서는 왜 그 단어를 썼을까, 그 말이 꼭 필요했을까 후회한다. 그래서 그림책이 참 잘 맞는다. 하고 싶은 이야기가 번쩍 떠오르는데, 말로 하면 실수하게 되거나, 그냥 떠내려가기도 하고, 오해도 살 거다. 그림책으로는, 오랫동안 이렇게 저렇게 굴리고 깎고 붙이면서 진짜 내가 하고 싶은 말을 찾을 수 있다. 마지막 순간까지 편집자와 단어를 바꾸고 빼기도 하면서 정말 필요한 말만 남으면, 책이 나온다. 그래서인지 나는 책이 나오고 나면 고치고 싶은 게 거의 없다. 하고 싶은 말은 순간적으로 얻었지만, 1년, 길게는 3년 동안 고민해서 내 언어로 잘 다듬었으니까. 멀리 있는 누구한테 가닿더라도 괜찮을 정도로. 나한테는 이 속도가, 이 거리감이 알맞다. 내 말을 들은 사람들은 멀리서 대답을 해온다. 리뷰로든 아니면 직접 말을 하든. 이런 식의 대화도 정말 좋다. 나에게 그림책은 그런 것이다.

창작자에게 슬럼프는 툭하면 찾아오는 슬픈 친구 같다. 슬럼프에 빠진 적은 없나?

정말 친구처럼 자주 만난다. 한 작업을 끝낼 때까지 여러 번 만나기도 하고. 슬럼프를 만나면 두 가지를 계속한다. 몸을 움직여서 진짜 삶의 현장을 들여다보기, 그럼에도 불구하고 계속 작업하기.《나는 지하철입니다》를 작업할 때는 지하철 2호선을 타고 서울을 뱅글뱅글 돌며 사람들을 그리고, 아무 역에나 내려서 산책하고, 박카스를 사서 구두 수선방을 찾아다니며 인터뷰를 시도하기도 했다. 같은 장면을 한 달 내내 그린 적도 있고. 슬럼프를 이겨낸다기보다는 어떻게든 작업을 붙들고 늘어지는 편이다.

가장 끈질기게 괴롭혔던 슬럼프는?

《나는 지하철입니다》를 마무리 짓고 완전히 방전이 됐다. 다음 작업에 대한 아이디어나 의욕도 없었고. 거실 책장에 그림책들이 한가득 꽂혀 있는데 책등이 묘비처럼 보였다. 그 모든 게 다 짐처럼 느껴졌다. 그래서 몇 권 남겨두고 전부 어딘가에 기부해버렸다. 왜 그럴까 생각해보니 아직 '지하철'에 대해 하고 싶은 이야기가 남은 것 같았다. 하고 싶은 이야기를 다 해보자 하는 마음으로 전시를 두 번에 걸쳐 했다. 그러고 나니 홀가분해졌다. 미련 없이 다음 작업으로 넘어갈 수 있었다.

> "세상에 처음 온 아이한테
> 이 세상을 가장 압축적으로, 그러면서도
> 가장 좋은 걸 선택해서 보여주는 것"

요즘은 작가에게 다양한 역할을 요구하는 시대 같다. 북토크나 온라인 방송 등을 통해 작가가 직접 자신의 그림책을 소개하는 행사가 무척 많아졌고.

작가가 스스로를 브랜드처럼 알리고 홍보하는 시대가 됐다. 다양한 채널로 그림책을 알리는 작가님들의 시도는 반갑고 좋다. 왜냐하면 나는 못 하니까. 나도 물론 사람인지라 관심을 받는 게 좋다. 하지만 작가는 책으로 독자와 만나면 되는 거 아닐까, 그것으로는 불충분한 시대인가, 작가가 유명인이 되어야만 할까, 나는 잘 모르겠다. 만약 선택할 수 있다면, 나라는 사람은 최대한 숨기고 책 작업에 몰두하고 싶다. 책 자체로 독자에게 서서히 기억되면서 존재감이 생기면 좋을 것 같은데, 그렇게 할 수 있을지는 모르겠다.

그림책 창작 과정에서 가장 힘들 때는 언제인가?

끝내는 게 가장 힘들다. 그래서 끝까지 포기하지 않으려고 노력한다. 머릿속에서는 정말 좋은 이야기였는데 실제로 그려내고 보니 너무 별로일 때, 중간에 그만두고 싶어진다. 분명 처음에는 내 이야기에 좋은 점이 있었는데, 그래서 시작했는데, 만들다보면 어느새 단점투성이가 되어 있다. '이것도 별로고 저것도 별로인데 내가 이걸 왜 하려고 했더라?' 하는 생각이 자꾸 든다. 그런 원고가 지금도 몇 개나 있다. 고민하다 시기를 놓친 이야기도 있고. 지금은 시간이 안 나서 잠깐 묵혀두고 있는 이야기도 있다. 다른 일을 하다가 갑자기 아이디어가 딱 떠오를 때가 있지 않나. 그런 순간을 기다리는 거다.

《나는 지하철입니다》와 《우리가 케이크를 먹는 방법》 모두 문학동네의 엄희정 편집자와 함께 만들었다고 알고 있다. 같은 편집자가 나의 세계를 깊이 이해해주면 든든할 것 같다.

사실 《나는 지하철입니다》를 진행할 때는 서로 조금 어색했다. 둘 다 표현을 많이 하는 사람이 아니라서. 그랬는데 책을 함께 만들면서 책을 대하는 태도와 방식을 보며 편집자가 어떤 사람인지 더 알 수 있었다. 책을 통해 서로를 알아가고 천천히 가까워진 것이다. 《우리가 케이크를 먹는 방법》을 함께 진행하면서는 알게 모르게 점점 끈끈해졌다. 사실 이 책도 끝내는 게 힘들었다. 어떤 디테일이 부족하면 나는 마감을 미루고 그리고 또 그린다. 문턱을 넘지 못한 채 제자리걸음을 하고 있을 때 편집자가 과감하게 밀고 가는 게 느껴졌다. 그 과정에서 조금 마찰도 있었지만, 지나고 나니 좋더라. 편집자와 작가가 작업을 가운데 두고 서로의 의견과 고집을 조율하는 경험을 했으니까. 웃으면서 작업할 수도 있지만 한 번쯤은 싸울 수도 있다. 어쨌든 목표는 좋은 책을 만드는 거니까. 이 책의 주제인 '나눔'도 자기 몫을 챙기는 것만이 아니라 공동의 즐거움을 더욱 풍성하게 만들어가는 것이다. 함께 책을 만드는 일도 그런 것 아닐까? 엄희정 편집자와 늙을 때까지 이렇게 변화하면서 함께 작업하고 싶다.

최근에는 어떤 작업을 했나?

《내가 있어요》[6]라는 그림책을 마무리했다. 0~3세를 위한 양면 아코디언 보드북[7]이다. 사실 처음에는 좀 단순하게 생각했다. 그림이 단순하니까 육아를 병행하면서 완성할 수 있지 않을까 했는데 역시나 쉽지 않더라. 내가 생각하기에 그림책은 보기에 아름다워야 하고 당연히 재미있어야 하는데, 0~3세 그림책이라고 해서 다르지 않으니까.

단순한 그림이 훨씬 어렵지 않나?

숨을 데가 없다. 너무 단순하니까 그만큼 내 그림의 단점이 눈에 보이고…… 완성하는 데 오래 걸렸다. 한 번 완성했다가 다 다시 그리고 그랬다.

사실 편집자에게도 영유아 그림책은 어렵다. 너무 단순하니까 구조를 처음부터 딱 잘 잡아놓지 않으면 책이 안 되는 거다. 실루엣도 명확하게 나와줘야 하고.

정말 그렇다. 한편으로 엄청 철학적이라는 생각도 했다. 세상에 처음 온 아이한테 이 세상을 가장 압축적으로, 그러면서도 가장 좋은 걸 선택해서 보여주는 것이니까. 《내가 있어요》는 장면마다 사물을 하나, 또 하나 보여주는 구성이다. 아이 시야가 뚜렷해질 때쯤부터 같이 산책을 다녔다. 꽃이 피어 있으면 꽃을 보여주고, 지렁이가 있으면 지렁이를 보여주고 그랬는데, 아이는 무얼 보든 다 처음이지 않나. 아이 반응을 보는데 그 느낌이 참 신기하고 재미있었다. 그래서 사물을 하나하나 보여주는 책을 만들게 됐다. 책이 마치 엄마처럼 아이가 아직 경험하지 못한 세상을 소개해주는 역할을 하는 것 같다.

어린이 그림책은 0~3세, 4~7세, 초등 저학년 등으로 연령별 구분이 확실하다보니 대상 독자에 대한 이해가 필수적이다. 그런데 한편으로는 어린이 독자가 이해할 수 있는 수준을 작가가 감히 마음대로 결정할 수 있는가 하는 생각도 든다. 마치 어린이를 대상화하는 느낌이랄까?

비슷한 고민을 많이 했다. 내가 과연 어린이를 얼마나 이해하고 있나 하는. 그런데 아이와 함께 책을 읽으면서 발견한 것은, 아이도 외로움, 그리움, 죄책감, 질투 같은 감정을 다 가지고 있다는 것이었다. 《모두 가 버리고》[8]라는 그림책을 좋아한다. 내가 어렸을 때 자주 느꼈던 혼자라는 감정, 여럿이 모인 무리를 보면서 부러워하기도 했던 마음을 정말 잘 표현한 책이라서. 근데 아이가 아주 어렸을 때부터 이 책을 너무 좋아하는 거다. 외롭고 쓸쓸한 분위기에, 주인공이 혼자 눈물로 마멀레이드를 만드는 이 이야기에서 '뭘 보는 걸까?' 생각하다가 내가 어린이를 정말 몰랐다는 것을 깨달았다. 내가 느끼는 수많은 감정이 어린이에게도 다 있고, 우리는 이것들을 얼마든지 공유할 수 있겠구나, 그러니 책을 만드는 과정에서 충분히 객관화하고 표현 방식을 잘 고른다면 다양한 내면의 이야기를 얼마든지 담아낼 수 있고, 그에 공감하는 어린이 독자를 만날 수 있지 않을까?

"불편한 재료를 찾게 된다"

재료를 다양하게 쓴다. 일정한 재료에 머무르지 않고 섞기도 하고 입체 작업도 하더라.

《나는 지하철입니다》에 쓰인 재료는 내가 지하철에서 드로잉을 할 때 필통에 챙겨다니던 재료들이다. 연필과 수채 도구. 내가 원래 회화과에 너무 가고 싶었는데 못 갔다. 그림 경험은 입시 미술이 전부다보니 다른 도구는 경험할 기회가 없었다. 그런데 화방에 가면 수없이 많은 재료가 있어서 그게 정말 써보고 싶은 거다. 그림의 세계를 탐구하는 즐거움이랄까. 재료 하나를 실컷 쓰면 이상하게 또 다른 재료에 관심이 간다. 나는 왜 그럴까? 여전히 새로운 재료가 궁금하다.

새로운 재료가 영감을 불러일으키기도 하나?

기술적으로 좋은 그림을 보면 마음이 쏙 들어가는 게 아니라 너무 잘 그려서 매끈매끈하니까 그냥 확 미끄러지는 느낌이다. 마음에 남지는 않는 거다. 그런 그림을 그리고 싶지는 않았다. 근데 내 그림이 그렇게 되기가 되게 쉽더라. 한때 선으로 그리는 작업에 빠져 있었는데 점점 기술적인 완성도에 빠져들었다. 잘 그려지면 만족하고, 어려움 없이 막 표현하게 되고. 손에 익숙해지면 익숙해질수록 자연스럽게 그렇게 되더라. 그래서 다루기 불편한 재료를 찾게 된다. 불편함과 어색함을 최대한 가지고 가는 게 낫겠다 싶은 거다. 계속해서 나한테 낯선 재료를 가지고 오고, 익숙함에 빠지지 않게 새로운 시도를 해본다.

계속 다른 재료를 시도하는데 그림에도 작품마다 작가의 색깔이 드러난다는 점도 놀랍다.

신인 때는 정말 그림을 열심히 그리고 싶었고, 그렇게 했다. 글작가의 이야기에 진심으로 같이 빠져들어 그림을 그렸다. 그랬는데 출간 후에 독자로부터 '감동했다' '여기서 슬펐다' 이런 얘기가 아니라 "그림 되게 잘 그렸던데요."라는 말을 들었다. 마음이 아팠다. 그림 실력을 뽐내려고 한 일이 아닌데. 나의 목표는 멋진 화집이 아니다. 그래서 작업할 때 목표를 그저 '잘 그린 그림'에 두지 않으려고 한다. 다양한 재료를 시도하는 것도 그런 노력 중 하나인 셈이다.

요즘은 어떤 재료에 집중하고 있나?

구아슈[9]에 빠져 있다. 수채화처럼 맑게 쓸 수도 있고 아크릴처럼 텁텁한 느낌도 낼 수 있는 매력적인 재료다. 실크스크린으로 판화 작업도 하고 있다.

작업 루틴이 궁금하다.

가능하다면 본 작업에 들어가기 전에 그리려고 하는 대상을 본 작업과 상관없이 여러 번 그려본다. 요즘은 시간 여유가 없다보니 마음이 급해서 바로 붓을 들고 완성작을 그려보려 노력하기도 했는데 결국은 다시 돌아오게 되더라. 고양이를 그려야 한다면, 책에 꼭 맞는 나만의 고양이를 찾기 위해 수십 번 고양이들을 그려본다. 자연스럽게 내 안에 쌓이는 어떤 형태를 찾아야 한다.

그렇게 수십 번을 그릴 때, 어떤 마음인가?

일단은 내가 볼 때 뭔가 어색하면 잘 몰입이 안 된다. 고양이가 나오는 장면을 그릴 때, 비슷한 고양이를 보고 따라 그릴 수는 있다. 근데 그렇게 하면 내가 느끼기에는 약간 티가 난다. 마치 그곳에 없는 고양이를 붙여놓은 느낌이랄까? 짜깁기한 이미지로 만들어낸 멈춰 있는 사진같이 느껴진다. 나는 독자 머릿속에서 이미지가 살아 움직였으면 한다. 마치 드라마 세트장에서 움직이는 등장인물들처럼. 그중 한 장면을 그림책에 싣는다고 생각하는 거다. 그러니까 무심히 지나가는 고양이라 할지라도 그 상황, 그 공간에서의 고양이가 어떤 자세일지 내가 알아야 확신을 가지고 재미있게 그림을 그릴 수 있다. 차라리 고양이가 걸을 때 근육이 어떻게 되는지, 꼬리가 어떻게 되는지를 일일이 그리면서 확인해보는 게 빠를 때도 있다. 그런 사소한 이미지 하나가 아무것도 아닌 것 같지만, 독자에게는 이야기를 찾는 실마리가 되기도 하니까.

그림책의 장면에 등장하는 작은 요소 하나하나에도 다 이야기가 있다.

그렇기 때문에 어렵다. 《나는 지하철입니다》에서 구두를 고치는 장면이 있는데 구두 수선방 바깥쪽에 고양이가 두 마리 있다. 그 고양이들을 발견하고 주목하는 어린이 독자들이 꽤 많다. '이 아저씨는 고양이한테 밥을 주는 사람이네' 하고 그 인물에 대한 이야기를 한 조각 더 얻게 된다. 내 그림 속 고양이가 가짜처럼 보이지 않았으면 좋겠다.

나는 글을 쓰는 사람이니까, 문장이나 단어 하나가 너무 어색해서 마감을 미루고 일주일 내내 그 문장 혹은 단어를 수십 개의 다른 버전으로 만들어볼 때가 많다.

그림도 마찬가지다. 그래서 오래 걸린다. 독자들이 이 책을 보고 또 보고 할 수 있다는 건, 사실 만든 사람들이 그렇게 쓰고 그렸기 때문이 아닐까. 하나를 그리고 또 그리고, 보고 그리고, 안 보고 그리고…… 무한히 반복하다보면 하나의 캐릭터가 내 안에 진짜 살아 있는 느낌이 든다.

"어디까지가 글 작가의 작업이고
어디까지가 내 작업이었는지
분리할 수 없게 되더라"

'아홉 살 사전' 시리즈[10]와 같은 어린이책, 《콩, 너는 죽었다》[11] 같은 동시집의 일러스트레이션 작업을 지금도 꾸준히 하고 있다. 글 작가가 따로 있는 작업을 만날 때, 어떤 느낌인가?

우선 마음이 훨씬 가볍다. 기댈 수 있는 사람과 글이 있으니까. 글과 그림을 혼자 할 때는 울타리 없는 곳에서 길을 찾아가는 느낌이다. 글이 있으면, 그게 울타리가 되어서 그 안에서 놀 수 있다. 새로운 시도도 할 수 있고. 내가 생각하지 못한 이야기에 그림을 그리다보면 큰 즐거움을 느낄 때도 있다. 혼자서는 만들지 못했을 책을 좋은 글을 만나 함께 완성할 수 있으니까.

글과 그림을 혼자 완성하는 작업에서 오는 어려움과는 다른 어려움도 있을 것 같다.

그림 작가는 글 속에서 마음껏 놀면서 이미지를 확장시켜야 한다. 글마다 원하는 장면이 미리 정해져 있거나, 글 작가로부터 너무 디테일한 피드백이 오는 경우에는 작업을 하기가 어렵다. 중간에 작업을 접었던 적도 있다. 그러니 글이 그림 작가에게 넘어간다면 믿고 맡겨주면 좋겠다. 다만 그림 작업이 들어가기 전에 글 작가와 만나 글에 대해 터놓고 이야기하는 과정은 도움이 된다.

사실 나는 그림 작가가 스케치나 샘플 작업을 보여주면 그 이미지에 맞게 계속 글을 수정한다. 그 과정에서 많이 성장하는 것 같고. 그림을 통해서 영감을 받는 게 즐겁다.

나도 그렇다. 《맛있는 건 맛있어》[12]를 작업할 때였는데, 글 작가와 나, 디자이너, 편집자 넷이 자주 만나서 회의를 했다. 글 작가가 그림에 대한 아이디어를 주기도 하고, 내가 그림을 그렸더니 글이 바뀌기도 하고…… 나중에는 어디까지가 글 작가의 작업이고 어디까지가 내 작업이었는지 분리할 수 없게 되더라. 책을 같이 만든다는 건 이런 거구나, 재미있고 신기했다. 한편으로는 글 작가랑 긴밀히 소통하면서 책을 만들어보니 글의 역할에 대해서 많이 배우게 됐다.

딱 한 단어로 그림에 담을 수 없었던 이야기가 확 채워지기도 하고, 글을 통해 정지된 이미지 다음으로 펼쳐질 미래의 일이 담기기도 한다. 그전에 나는 그림을 다 그리고 글을 붙이면 될 거라고 생각했다. 그런데 안 되더라. 그림책이라는 건 글 영역과 그림 영역이 따로 나뉘는 게 아니니까. 어떻게 해야 그림책 안에서 글과 그림이 자유자재로 넘나들면서 각자의 역할을 주고받을 수 있는지, 글 작가와 그림책 작업을 하면서 많이 훈련할 수 있었다.

그렇다면 좋은 그림책 글 원고는 어떤 원고일까?

나에게 좋은 원고란 공감이 가는 원고, 그리고 어떤 장면이든 떠오르게 하는 원고다. 나에게 맞는 글을 만나면 머릿속에서 이미지가 바로 떠오른다. 간단하게나마 재료도 상상해보고. 내가 해보고 싶었던 기법이나 표현 방식을 이 글에서 어떻게 시도해 볼까 이런저런 궁리를 할 때가 즐겁다.

나는 가끔 위축될 때가 있다. 글과 그림을 같이 창작해야 진정한 그림책 작가라고 평하는 분들도 실제로 있으니까.

나도 '쓰고 그린 창작 그림책이 없으면 어디서 명함도 못 내미는 걸까?' 하는 마음에 조금 위축될 때가 있었다. 특히 신인 때 일러스트레이터로서는 인정받을 수 없는 걸까 하는 생각이 종종 들었다. 지금은 생각이 바뀌었다. 일러스트레이터든 글 작가든 '진정한 작가'란 '지금' '진심으로' 작업하는 사람 아닐까.

일러스트레이터도 독립된 작가라는 말에 동감한다. 일러스트레이터로서의 작가관이 궁금하다.

일러스트레이터는 글 속의 인물에게 옷을 입혀주고, 글에서 표현된 것보다 더 멋진 무대를 만들 수도 있다. 때로는 글에 등장은 하나 이름이 없는 어떤 인물에게 이름을 지어줄 수도 있고. 글 작가가 이야기에 생명이 있다고 여겼을 테니, 나도 그렇게 글을 대하는 거다. 《비 오는 날에》[13] 《기찬 딸》[14]에 그림을 그릴 때, 그 글에 등장하는 인물, 동물에 이름을 붙여주었다. 찰흙으로 인형을 만들기도 하고. 일러스트레이터가 애정을 가지고 글을 대하면 진짜 살아 있는 이야기가 된다. 내가 그려낸 공간을 통해 독자도 이야기 속으로 들어와서 놀고 생활할 수 있다. 나는 여전히 새로운 글을 만나는 게 기다려진다.

언젠가 협업할 수 있는 기회가 생기면 좋겠다.

만약 좋은 이미지가 떠올랐는데 내가 풀어내기는 좀 어려운 이야기를 그림책으로 만들어내고 싶을 때, 신뢰하는 글 작가한테 협업을 요청해보고 싶다. 일반적으로는 글 작가가 글을 쓴 다음 그림 작가를 섭외하니까 순서가 뒤바뀌는 셈이지만. 내 그림 하나를 보고 글 작가가 글을 쓰고, 내가 그 글을 읽고 이어서 또 그림을 그리는 재미있는 작업을 해보고 싶다.

"아이와 함께하는 일상 속에서
오히려 많은 영감과 이야기를 만나게 된다"

2020년에 딸 재아가 세상에 태어났다. 삶이 엄청나게 달라졌을 것 같다.

정말 큰 변화였다. 세상이 완전히 뒤바뀐 것 같았고, 새로운 세상의 문을 열고 들어온 기분이 들었다. 예전엔 거의 모든 시간과 에너지를 작업하는 데 썼다면 이제는 대부분을 아이와 함께하는 데 쓰고, 조금씩 남은 조각들을 긁어모아 작업을 이어가고 있다. 어린이에 대한 시각도 아주 많이 달라졌다. 아이 낳기 전에는 어린이 독자가 좀 어려웠다. 그래서 어린이 대상 북토크에 갈 때는 많이 긴장되었고, 어린이가 질문을 하면 심장이 막 두근거렸다. 그런데 아이를 낳고 기르면서 어린이 독자를 만나는 것이 설레고 반가워졌다. 기분 좋은 변화다.

돌봄 노동을 통해 정체성의 변화도 느낄 것 같다.

다른 삶을 치열하게 살아볼 수 있는 기회가 됐다. 아이 낳기 전에는 삶이 아주 단순했다. 매일 작업만 했고 거의 혼자 있었다. 그러다보니까 점점 밖에서는 어떤 삶이 펼쳐지는지 모르는 채 내가 컨트롤할 수 있다고 착각하는 나만의 세상에서 이야기를 펴내는 느낌이었다. 지금은 오히려 현실에 발붙인 다양한 이야기를 할 수 있게 된 것 같다. 엄마로서 창작을 이어가게 된 것이 반갑다. 다른 삶을 살아보니 오히려 작가로서 조금 더 오래 일할 수 있는 에너지를 얻은 셈이다.

일반적으로는 육아 때문에 경력 단절을 겪지 않나? 아이와 함께 살게 되면서 오히려 세상과 연결고리가 생겼다는 지점이 흥미롭다.

아이를 임신한 순간부터 대중교통을 이용하면 노약자석에 내 자리가 생겼다. 아이가 태어나고 나니 누군가의 도움이 없이는 못 하는 일들이 점점 늘어났다. 예전에는 카페에서 아무 무리 없이 사람들 틈에 섞여 어엿한 손님으로 차를 마셨는데, 아이와 함께 있으니 잔잔한 수면 위로 돌을 던지는 사람이 되더라. 아이는 세상 속으로 들어가 당당한 일원으로 살아야 하는, 하지만 이제 막 세상에 왔으니 많은 것을 배우며 자라는 중이라 수많은 배려와 이해와 시간이 필요한 존재였다. 난 이들의 세계를 전혀 몰랐던 거다. 아이와 함께하는 것만으로도 사회적 약자의 자리에 서보는 경험을 했고, 내가 세상을 바라보는 창이 얼마나 좁고 편협했는지 깨달았다.

한 생명을 낳고 키우는 기쁨과 괴로움 너머 더 큰 세계를 본 것 같다.

하루에도 몇 번씩 기저귀를 갈고, 밥을 하고, 더러워진 옷을 빨고, 때마다 재우는, 아무리 해도 눈에 보이는 성과를 얻을 수는 없는 이 일을 1년 내내 하면서, 엄마라는 존재에 대해 생각했다. 이 일이 귀하게 여겨지기보다는 젊음과 능력을 허비하는 일로 보일 때가 많지만, 내가 자라온 터에는 부모님의 젊음을 다한 시간들이 있었다는 것을 아이를 키우며 새삼 알게 되었다. 그래서 엄마로서의 삶에 더 진지하게 임해야겠다 싶었다. 물론 지치고, 작업을 생각하면 조급해질 때가 있지만 아이와 함께하는 일상 속에서 오히려 많은 영감과 이야기를 만나게 된다.

그림책 창작자이자 출판외주노동자, 돌봄노동자이기도 하다. 현재의 김효은은 셋 중 어느 역할에 가장 충실한 사람인가?

역할이 하나씩 추가된 셈인데 지금은 엄마의 역할에 가장 많은 시간과 힘을 쏟고 있다. 그렇다고 작가로서 충실하지 않다는 생각은 하지 않는다. 어떤 일에든 다 때가 있는데 지금 책임져야 하는 것이 있다면 그 일에 마음과 힘을 다해야 작가로서도 오래 살아갈 수 있지 않을까. 내가 해야 할 일을 누군가에게 위탁하고 그 시간에 작업에 집중하기보다 내 손으로 밥을 짓고 아이를 기르고 하는 일에 충실히 사는 이 시간이 양분이 되어 작업에 보탬이 될 거라 생각한다.

작품에 어떤 식으로 반영될지 기대가 된다.

아이가 태어남과 동시에 세상을 바라보는 또 하나의 관점이 생긴 것 같다. 내가 보기엔 별것 아닌 것에 열광하는 아이를 보며 나도 같이 납작 엎드려 바닥을 살피게 된다. 날이 궂어서 밖에 나가기 어려울 때는 집 안에서 지루해하는 아이와 함께 말도 안 되는 상상을 이어나가며 괴상한 모험담을 지어내기도 한다. 나에게는 절대로 어울리지 않을 것 같은 이야기도 언젠가는 할 수 있을지 모른다는 용기도 조금 얻게 되었다. 아이가 자라서 불편하고 때로는 어려운 상황에 처해도 그 속에서 의미 있는 일을 찾고 기꺼이 즐거워하기를 바라는데 그런 마음의 힘을 길러줄 이야기를 만들고 싶다.

그림책을 보는 시각도 달라졌나?

아이가 없었으면 그림만 보고 덮어뒀을 그림책도 아이가 즐겁게 보면 다시 한번 보게 된다. '뭐가 재밌지?' 하면서. '그림이 다가 아니구나. 내가 생각하기엔 헐거운 이야기지만, 아이가 보기엔 즐길 거리가 있구나. 상상하는 데 재료가 될 만한 것들이 책에 있구나' 하고 깨닫기도 한다. 그런 면에서, 다양한 그림책이 나오는 게 다행스럽다. 작가가 각자 자기 책을 그저 열심히 만들기만 하면 아이들은 이렇게 풍성한 식탁을 가질 수 있다.

그림책의 매력이자 가장 큰 특성 중 하나가 모든 세대가 함께 읽을 수 있다는 점이다. 자신이 창작한 책을 재아가 읽고, 언젠가는 재아의 딸도 함께 읽는 날이 올지도 모르는데, 그런 상상을 하면 어떤 기분인가?

미래를 생각하고 그려보는 편은 아니다. 다음 주에 있을 아이의 예방접종을 잊지 않기 위해 필사적으로 노력하는 정도다. 재아의 딸이 내 책을 읽는 날은 한 번도 상상해본 적이 없다. 그런 날이 온다면, 그리고 내가 그 현장에 있을 수 있다면 참 놀랍고 신기하겠다. '잘 들어주는 할머니'로 나이 들고 싶은 작은 바람이 있는데, 말하는 대신 책을 스윽 내밀어줄 수 있다면 좋겠다. 지금도 더미북을 만들면 재아가 와서 나름의 방식으로 읽고 즐긴다. 내 생각보다 책은 더 많은 일을 할 수 있다.

"우리 모두 그림책을 계속, 신나게, 아무렇게나, 마음껏 보았으면 좋겠다"

어떤 어린이였나?

중학교 때 전학을 간 적 있다. 전학 전날 아빠랑 새 학교에 가서 반 위치도 확인하고 새 친구들한테 인사도 했다. 그러고는 다음 날 새벽같이 집을 나와 버스를 탔는데, 이름이 비슷한 다른 중학교로 간 거다. 교문에서 알아보고 돌아 나왔어야 했는데, 반까지 찾아가 앉아 있다가 다른 교복을 입은 아이들이 우르르 들어오는 걸 보고야 잘못 온 줄 알고 서둘러 나왔다. 그 정도로 빈틈이 너무 많은 아이였다. 지금도 크게 다르지 않다. 비행기 티켓을 출발지와 도착지를 바꿔서 끊거나, 날짜를 잘못 기억해서 다른 날 결혼식에 가는 일 등의 실수는 일상처럼 일어난다. 어렸을 적 나는 그림 그리는 것 외에는 잘하는 것도 좋아하는 것도 딱히 없었다. 늘 중간쯤 하는 보통의 아이였고, 무리에 껴서 모나지 않게 어울려 지내려고 무던히 노력하는 아이였다. 집에서도 다섯 남매 중 둘째로 늘 부모님과 어른들에게 사랑받으려 애썼고, 애를 쓸수록 잘되지 않아 답답한 마음을 동생에게 푸는 모난 누나였다. 늘 주변 인물로, 관심과 사랑을 받는 주인공을 지켜보던 자리에 있다보니 눈치도 많이 보았다. 그렇다고 눈치가 빨랐던 것은 아니었지만. 그렇게 관찰하고 살펴보던 버릇이 아직도 많이 남아 있다. 표정을 살피고 누군가 지나가며 내뱉은 말을 주워 담아 한참을 생각한다. 이런 지워지지 않은 습관들이 요즘은 이야기를 만드는 데 도움이 된다는 생각도 든다.

좋아하는 그림책을 소개해달라.

그림책을 공부하면서 눈이 번쩍 뜨이는 느낌이 든 책이 몇 권 있었다. 《검은 새》[15] 《어느 개 이야기》[16] 《넉 점 반》[17] 등이다. 그림책의 존재에 대해 깊이 생각하기 이전, 어린 시절을 떠올려보면 《병원에 입원한 내 동생》[18]을 아주 오랫동안 마음에 품고 있었다. 동생이 셋 있는데, 동생들이 그림책을 읽기 시작했을 때 옆에서 같이 읽었다.

《병원에 입원한 내 동생》처럼 쓰쓰이 요리코와 하야시 아키코가 함께 만든 그림책을 읽으면 어린 시절로 갑자기 돌아가면서 그때의 냄새, 그때의 나를 만나는 느낌이 든다. 뭉클해진다.

　나는 동생을 질투하고 괴롭히는 아이였다.《병원에 입원한 내 동생》의 순이도 동생이 친구와 노는 데 방해만 되는 것 같아 좋지 않다. 그러다 동생이 아파서 늘 같이 있을 것 같던 가족과 떨어져 텅 빈 집에 혼자 있게 된다. 하지만 나중에 아빠가 와서 불을 켜고 따뜻한 밥을 차려준다. 나한테는 엄청난 위로였다. 내 안에 미운 마음이 있고, 그로 인해 죄책감도 느끼지만, 그런 기분도 괜찮다고 다독여주니까. 내가 어떤 모습이어도 결국엔 나를 지켜주는 가족의 품이 있다는 걸 이 책을 보고 또 보며 확인하고 싶었다. 그리고 순이가 아끼던 인형을 동생에게 선물하는 장면을 보며 나도 동생한테 좋은 언니 혹은 누나가 될 수 있을지도 모른다는 상상을 하며 한 뼘 자란 멋진 나를 상상해보기도 했다. 이 책이 마치 안전한 세계처럼 느껴져서 늘 품에 안고 계속 읽었다. 어린 시절의 불안한 사각지대를 채워주는 느낌이었다. 돌이켜보면 책 한 권이 어린 내가 성장하는 데 정말 많은 양분을 주었더라. 나중에 그림책 작가라는 직업이 있다는 것을 알게 되었을 때도, 어쩌면 나도《병원에 입원한 내 동생》같은 멋진 이야기를 만들 수 있지 않을까 싶어서 관심을 가지게 되었던 것 같다.

그림책을 사랑하는 독자 여러분께 꼭 남기고 싶은 말이 있다면 마지

막으로 남겨달라.

아이와 그림책을 읽으면 그림책이 있어서 정말 다행이라는 생각이 든다. 아이를 키우는 일에 온 마을이 함께해야 한다고 하지만 현실적으로는 어려운 일이다. 대신 나는 세계 곳곳에서 작가들이 일궈온 그림책으로 아이와 함께 놀고, 배우고, 자라고 있다. 그림책을 통해서 아이는 세상을 안전하게 경험하고 놀면서 자기 세상을 한 뼘씩 넓혀간다. 그런 모습을 볼 때마다 그림책의 역할에 대해 다시 생각하게 된다. 나도 그림책 밭에 한구석을 얻어 느리지만 멈추지 않고 그림책을 만들어가는 사람이다. 그런데 그렇게 열심히 일군 결실을 맛보고 즐기고 확장시켜줄 독자가 없다면 작가는 계속할 힘을 얻지 못할 거다. 그러니 우리 모두 그림책을 계속, 신나게, 아무렇게나, 마음껏 보았으면 좋겠다.

주석

1. 《나는 지하철입니다》, 엄희정 편집, 이은하 · 조기연 디자인, 문학동네, 2016.
2. 《우리가 케이크를 먹는 방법》, 엄희정 편집, 이은하 디자인, 문학동네, 2022.
3. 그림책 창작 과정에서 '더미(dummy)' 혹은 '더미북(dummybook)'이란 책을 완성하기 전 임의로 만들어보는 가제본이다. 작가는 섬네일 더미북, 스케치 더미북 등 창작의 단계마다 여러 버전의 더미북을 만들어보며 전체 흐름을 파악하고 완성도를 높인다.
4. 하야시 아키코(林明子)는 일본의 대표적인 그림책 작가이자 일러스트레이터다. 대표작으로 《달님 안녕》(한림출판사, 2001), 《싹싹싹》(한림출판사, 2001), 《손이 나왔네》(한림출판사, 1990) 등이 있고, 《이슬이의 첫 심부름》(쓰쓰이 요리코 글, 한림출판사, 1991), 《순이와 어린 동생》(쓰쓰이 요리코 글, 한림출판사, 1995) 등의 그림책에 그림을 그렸다. 어린이의 자연스러운 움직임과 표정을 얻기 위해 조카들을 관찰하고 사진을 찍어 실감 나는 그림을 완성했다.
5. 제인 욜런(Jane Yolen) 글, 존 쉰헤르(John Schoenherr) 그림, 《부엉이와 보름달》, 박향주 옮김, 시공주니어, 2017.
6. 《내가 있어요》, 최진영 · 서정민 편집, 반서윤 디자인, 창비, 2024.
7. 보드북(board book)은 표지와 내지 모두 두꺼운 합지로 만든 영유아용 책이다. 인쇄 후 테두리를 둥글게 재단(귀도리)하여 제작한다.
8. 에바 린드스트룀(Eva Lindstrom) 지음, 《모두 가 버리고》, 이유진 옮김, 단추, 2021.
9. 구아슈(gouache)는 물과 고무를 섞어 만든 불투명한 수채 물감이다.
10. 박성우 지음, '아홉 살 사전' 시리즈, 유병록 · 최진영 편집, 반서윤 디자인, 창비, 2017~2025, 총 5권.
11. 김용택 시, 《콩, 너는 죽었다》, 원선화 편집, 이지인 디자인, 문학동네, 2018.
12. 김양미 지음, 《맛있는 건 맛있어》, 서영옥 편집, 권영은 디자인, 시공주니어, 2019.
13. 최성옥 지음, 《비 오는 날에》, 수정에디션 기획 및 진행, 김문정 편집, 김회량 디자인, 파란자전거, 2020.
14. 김진완 지음, 《기찬 딸》, 오지명 편집, 박준렬 디자인, 시공주니어, 2011.
15. 이수지 지음, 《검은 새》, 길벗어린이, 2023(초판은 천둥거인, 2007).

16. 가브리엘 뱅상(Gabrielle Vincent) 지음, 《어느 개 이야기》, 별천지, 2009.
17. 윤석중 글, 이영경 그림, 《넉 점 반》, 달리 크리에이티브 기획 · 편집 · 디자인, 창비, 2004.
18. 쓰쓰이 요리코 글, 하야시 아키코 그림, 《병원에 입원한 내 동생》, 이영준 옮김, 한림출판사, 1990.

그림책 중심에
있어야 하는 것

편집자 최현경

편집자 최현경은 20년 넘게 어린이책, 특히 그림책을 주로 만들어 온 편집자다. 삼성출판사, 보림, 책읽는곰 등 우리나라의 대표적인 어린이책 출판사에서 편집자로 일했고, 지금은 노란상상의 편집장이다. 2023년까지 2년간 KBBY[1]의 부회장으로 국제 교류 사업에 참여했고 KT&G 상상마당, 위즈덤하우스 등에서 진행하는 그림책 창작 프로그램의 강사로도 활동하고 있다. 내가 지켜본 최현경 편집자는 성실하고 꾸준한, 그러면서도 좋은 그림책이란 어떠해야 하는가에 대한 고민을 놓지 않는 사람이다. 그래서 이 인터뷰 지면을 통해 나는 자신의 세계와 주관이 뚜렷한 편집자가 어떠한 고민과 과정을 통해 그림책을 세상에 내놓는지를 보여주고 싶었다. 물론 개인적인 인연도 있다. 2005년, 내가 창비에 입사 지원을 하고 면접을 보러 갔을 때, 마침 같은 셔틀버스를 탔던 그가 길을 몰라 허둥대던 나를 창비 사옥까지 데려다주었다. (그 시절 최현경 편집자는 보림에 근무하고 있었다. 보림은 사옥이 완성되기 전 잠시 창비 사옥에 세든 적이 있다.) 그가 했던 단 한마디를 여전히 기억한다. "따라오세요." 군더더기 하나 없는 명확한 지시어. 무릇 좋은 편집자란 군더더기 없이 명확한 말과 글을 써야 할 터, 그 한마디로 이미 최현경 편집자는 나에게 닮고 싶은 선배가 되었다. 2023년 여름, 이메일로 꽤 긴 질문지와 답변지를 주고받은 뒤 2024년 3월 세 시간에 걸쳐 대면 인터뷰를 진행했다.

"책의 방향성을 결정하는 편집장으로서의 능력을 갈고닦는 중이다"

어떤 어린이였나?

공부깨나 하고 책도 그럭저럭 읽는 모범생이었지만 책에 완전히 탐닉하는 문학소녀는 아니었다. 창피하지만 책의 내부보다 외면을 더 좋아하는 편이었다. 책을 좋아하는 가족의 영향으로 관심은 많았지만, 읽는 일보다 표지를 구경하고, 작가와 제목을 기억하고, 책에 대해 아는 척하는 데 더 재미를 느꼈던 거 같다. 《읽지 않은 책에 대해 말하는 법》[2]이 나왔을 때 치부를 들킨 거 같았다. 이렇게 책을 만드는 사람이 될 줄은 몰랐다.

어떻게 편집자, 그것도 그림책 편집자가 되었나?

대학에서 아동학을 공부했다. 졸업 후 2년 동안 어린이집 보육교사로 일하다가, 아이들과 함께 그림책을 읽으며 새로운 세계에 눈을 떴다. 아동 관련 경력을 우대하는 회사로 취업을 알아보다가 삼성출판사에 입사하여 학습 교재 성격이 짙은 유아 실용서를 만들었다. 1년 반쯤 편집자의 기초를 다지는 동안 편집자라는 직업 세계에 매료되었고, 그림책이야말로 '진짜 책'이라는 오묘한 허영심이 마음속에 자리 잡았다. 그림책을 만들고 싶다는 욕구에 목이 마를 즈음 보림으로 이직하여 그 뒤로는 쭉 그림책 전문 출판사에서 일해왔다.

그림책 편집자 가운데 아동학 전공자가 많은가?

문예창작, 국문과 출신이 가장 많지만 다른 분야 출신도 꽤 있다. 아동학, 유아교육 전공자도 소수 있는데, 이쪽 전공자들은 그림책의 주요 내포 독자인 어린이에 대한 이해도가 비교적 높고 독자 입장에서 기획에 접근하는 데 장점이 있을 것이다. 하지만 신입 편집자 시절에는 문학과 예술에 대한 이해가 부족한 비주류라는 생각에 조바심이 들 때도 많았고 이를 보완하려 꾸준히 공부했다.

보림, 책읽는곰, 노란상상에 이르기까지 우리나라를 대표하는 그림책 전문 출판사에서 일해왔다.

1년 반 다닌 삼성출판사에서는 편집자가 갖추어야 할 기초적이고 기술적인 능력을, 3년 반 다닌 보림에서는 공들여 그림책 한 권을 만드는 과정을 익혔다. 창립 때부터 함께하여 13년쯤 다닌 책읽는곰에서는 그림책 출판사의 방향성을 만들어가는 총체적인 과정을 경험했다. 2021년부터 노란상상에 다니면서는 책의 방향성을 결정하는 편집장으로서의 능력을 갈고닦는 중이다.

출판사마다 출간 경향이 다를 것 같은데 어떤가?

보림은 예술적인 그림책을 출판하는 데 집중하는 경향이, 책읽는곰은 어린이와 양육자인 어른 독자를 만족시키는 책에 집중하는 경향이 있었다. 또 상업적으로도 성공 가능성이 높은 책을 지향하는 편이었다. 어린이가 기꺼이 즐겨 보는 책, 양육자가 필요로 하는 책을 만든다는 자부심이 있었다. 노란상상에 와서는 사회적 이슈에 관련된 그림책, 대상 독자의 폭이 확대된 그림책을 자주 내놓고 있다. 그럼에도 그림책의 기본 독자는 어린이라고 생각하며 다양한 책을 선보이고자 노력한다.

노란상상의 편집장으로 근무하기 전 공백기가 있었다. 그때 이야기도 궁금하다.

책읽는곰을 그만두고, 대학 졸업 후 20년 만에 처음으로 회사에 소속되지 않은 상태로 2년 반 정도를 지냈다. 인하우스 편집자로 오래 근무하다보면 5년째, 7년째 출간이 안 되는 원고들이 등을 짓누른다. 그 모든 것에서부터 벗어나니 홀가분했다. 하지만 번역이나 외주 편집이나 KBBY 일 같은 다양한 경험을 하고 다니면서도, 이러다 영영 그림책 편집자로는 못 돌아가는 거 아닐까 하는 불안감이 들었다. 딱 그런 허전함이 커질 때쯤에 노란상상으로부터 편집장 자리를 제안받고 덥석 취직하게 됐다.

"결국 모든 작업은
작업자들의 한계 안에서 이루어진다"

편집자가 되면 어떤 업무를 하게 되나?

기본적으로 편집자는 한 권의 책을 기획, 진행, 제작, 홍보하는 프로젝트를 지휘하며 끌고 나가는 사람이다. 따라서 사소한 업무부터 중요한 결정을 내리는 일까지 여러 역할을 동시에 수행한다. 부담감도 크지만 한편으로는 그게 편집자의 자부심이기도 하다. 나는 큰 회사에서 시작해 점점 작은 회사로 이직을 했다. 작은 회사일수록 편집자가 다양한 업무를 수행할 수밖에 없다. 저작권 관리와 제작, 때로는 회계 관리, 소소한 디자인 업무까지 처리했다. 힘들기도 했지만, 각종 업무를 두루 경험하면 출판사가 어떻게 굴러가는지 총체적으로 이해할 수 있게 된다. 이런 부분은 편집자의 시야를 넓혀 퇴사 후 여러 가지 일에 도전하는 밑거름이 되었다.

편집자가 수행하는 역할 중에 가장 중요한 것은 무엇일까?

궁극적으로는 작가에게서 최선의 작품을 끌어내는 역할이라고 본다. 그림책은 크게 두 방향으로 출간 계약이 진행된다. 하나는 작가가 일차적으로 완성한 원고를 편집자가 검토하는 방식, 또 하나는 편집자가 주제나 소재를 정해 작가에게 원고를 청탁

하는 방식이다. 어떤 방식이든, 편집자는 작가의 장점과 실력을 잘 끄집어내는 역할을 해야 한다. 더 나아가자면, 편집자가 작가와 신뢰 관계를 맺어 다음 작품의 방향을 함께 논의하면서 여러 권의 책을 지속적으로 만들어가는 것이야말로 가장 이상적이라고 생각한다.

작가와 관계를 잘 쌓아가려면 어떤 능력이 필요한가?

일차적으로는 소통 능력이다. 작가가 자신감을 잃었다면 격려하고, 매너리즘에 빠져 있다면 다른 길을 제안할 줄도 알아야 한다. 한편으로는 작가 위에 군림하지 않도록 부단히 경계해야 하고. 내 판단이 앞선 나머지 작품에 지나치게 개입하고 작가를 쥐고 흔드는 건 소통이 아니니까. 시간과 경험이 필요하다. 나도 작가들과 작품에 대해 자연스럽게 의견을 교환하고, 대화를 통해 작가 내면에 있는 무언가를 끌어내게 되기까지 시간이 걸렸다. 예리하고도 사려 깊게 말하는 기술, 나름의 판단력과 통찰력이 생겼다고 생각될 때도 있지만, 여전히 부족함을 느낀다.

작가와 작품에 대한 의견을 교환할 때의 원칙이나 의사소통 방식도 궁금하다.

명확하게 판단하고 논리적으로 근거를 가지고 말할 것. 최대한 풍부한 자료를 찾아서 제시할 것. 판단이 잘 안 되면 솔직하게 말하고 작가의 의사를 물을 것. 함께 고민하면서 방법을 더 찾아보자고 말할 것. 이 네 가지 원칙을 지키려고 노력하는 편이다. 대안 없이 계속 지적하거나 무한 수정을 요구하는 등, 명확한 판단 없이 작가를 앞으로도 뒤로도 못 가게 하는 편집자가 최악이지 않을까. 아쉬운 부분이 있어도 결국 모든 작업은 작업자들의 한계 안에서 이루어진다는 걸 잊으면 안 된다. 결국 작품은 작가의 것이니까.

편집자는 작가뿐 아니라 디자이너, 마케터 등과도 원활히 소통해야 한다. 어렵게 느껴지지는 않나?

작가, 디자이너, 마케터와는 언제든 긴장 관계에 놓일 수밖에 없다. 하지만 결국 일의 목표는 같다는 점, 협업 관계라는 점을 인식하고 솔직하게 소통하면 크게 얼굴 붉힐 일은 생기지 않는 듯하다. 우리의 일은 경쟁이 아니라 좋은 책이라는 결과물을 향해 같이 가는 것이다.

편집장으로서는 어떤 고민을 하나?

편집이사라는 거창한 직함을 달고 있지만, 편집장이 '되어가는' 중이라고 생각한다. 쉰 살이 눈앞인데 여전히 배울 게 많고 이 일을 바라보는 관점도 계속 수정된다. 개인적 취향을 넘어 엄정한 기준을 가지고 책의 가치, 작품성과 대중성 등을 고려하며 출간 결정, 진행, 표지 디자인 결정까지 해야 하는데, 계속해서 변화하는 출판 환경에 잘 맞는 선택인지 늘 확신하지는 못

한다. 작가들에게 새로운 길을 열어주는 일도, 편집부 후배들이 각자 역할을 주도적으로 맡으며 스스로 꽃을 피우도록 돕는 일도, 회사가 안정적으로 자리 잡고 성장할 수 있도록 좋은 작품을 출간하는 일도 모두 도전이고 어려움뿐이다.

출간 결정 기준은 편집장이 된 이후로 더 명확해지지 않았나?

그렇진 않다. 누가 봐도 좋은 작품도 간혹 있지만, 날것의 원고 대부분은 편집자의 경험이나 취향, 출판사(대표)의 방향성 등에 따라 판단이 갈리기 마련이고, 내 기준 역시 끊임없이 수정되고 있다. 나는 자기 확신이 부족한 편인데, 귀가 열려 있다는 장점은 있다. 다른 사람들의 반응을 보면서 어렴풋했던 내 생각을 명료하게 정리하곤 한다. 노란상상은 작은 조직이라 원고 검토 회의 때 모든 구성원의 의견 수렴과 빠른 결정이 가능하다. 의견이 갈릴 때는 시간을 두고 각자 자료를 모은 다음 다시 회의를 열기도 하는데, 대표님마저도 꼭 출간하고 싶었던 작품을 직원들의 반대로 포기한 적이 있다. 모두가 이의 없이 '이 책은 우리가 내야죠'라는 분위기가 형성될 때 가장 기쁘다.

"출판사와 작가가 만나려면 우주의 기운이 필요하다"

그림책을 출간하고 싶어하는 사람들이 정말 많아졌다. 반대로 말하면 편집자가 받는 그림책 투고 원고도 엄청나게 많아졌고. 수많은 투고작 사이에서 내 작품이 편집자의 눈에 띄려면 어떻게 해야 할까?

완성된 그림책 판면에 가깝게 글과 그림이 조합된 낱장의 PDF 파일을 적당한 용량으로 만들어 보내라. 서너 줄짜리 기획 의도와 자기소개도 함께. 거창할 필요는 없다. 전체 그림이 완성되지 않았다면, 포트폴리오를 첨부해 스타일의 가능성을 다양하게 보여주어도 좋다. 또, 내 작품과 결이 맞는다고 생각되는 출판사를 골라 투고하고, 짤막하게라도 "귀사에서 출간된 어떤 책을 인상 깊게 보았기에 제 작품을 투고합니다" "귀사의 출간 방향과 맞지 않더라도 간단한 코멘트 부탁드립니다"라고 쓰는 정도의 성의는 보이는 게 좋겠다. 이런 메일이 오면 편집자는 그냥 지나치지 못할 때가 많고, 진정성 있는 작가라는 인상을 받는다. 투고하는 일이 어렵고 긴장도 되겠지만, 투고해야 새로운 기회를 만들 수 있다. 편집자, 출판사 대표마다 판단 기준이 다르기 때문에, A 출판사에서는 반려를 당했지만 B 출판사에서는 만나보자고 할 수도 있다. 출판사와 작가가 만나려면 우주의 기운이 필요하다.

투고 원고의 출간 여부를 결정할 때 이미지와 이야기 가운데 무엇을 더 중요하게 생각하나?

작품 특성에 따라 달라서, 둘 중 하나로 딱 잘라 말하기 어렵다. 개인적으로는 이야기를 더 중시하는 것 같지만, 그렇다고 해서 이미지가 중요하지 않은 것도 아니다. 사실 검토하는 작품 대부분이 완성된 상태가 아니기 때문에, 작가의 내공이 얼마만큼인지, 함께 피드백을 주고받으면서 얼마나 완성도를 끌어올릴 수 있을지 판단해본다. 물론 그 판단은 옳을 때도 그를 때도 있다. 가장 중요한 건 작품의 발전 가능성, 작가의 성장 가능성이라 할 수 있겠다.

투고 원고 검토 외에도 편집자는 다양한 방식으로 신인 작가를 발굴한다. 요즘은 어떻게 신인 작가를 만나고 있나?

최근에는 편집자들이 그림책 워크숍 졸업 전시나 작가 그룹전에 가서 새로운 작품과 작가를 만나는 게 당연해졌다. 그런데 많은 그림책 편집자들이 비슷한 생각을 하기 때문에 때로는 같은 작가와 작품에 수많은 출판사가 달려들어 경쟁하는 일도 생긴다. 어쩔 수 없지만 조금 피곤하게 느껴질 때도 있다. 기출간 그림책을 열심히 보는 건 기본이고 작가 인스타그램도 꾸준히 확인한다.

재능 있는 작가들이 그림책, 출판 일러스트보다는 패키징이나 광고, 브랜딩 쪽으로 관심을 돌리는 경향도 보인다.

독립출판 페어, 일러스트 페어를 가면 출판과는 조금 다른 영역에서 활동하는 작가들을 만날 수 있어 한동안 부지런히 다녔다. 그림책에 관심 있는 작가는 많지만 진득하게 그림책을 만드는 작가는 소수다. 아무래도 빠른 시간에 결과물이 나오고 소득으로도 이어지는 여타 일러스트 분야와 달리, 그림책은 긴 호흡으로 집중해서 가야 하는 데 비해 돈은 못 버는 구조니까. 상황상 책에 몰입이 어려운 거다. 또 한 컷, 한 컷 아름답고 귀엽게 생산하는 데 특화되어 있는 작가들이 그림책 작업에 적응하지 못하는 일도 있다.

그림책은 작가가 잘 표현할 수 있는 것만 그린다고 완성되는 작업이 아니니까. 책이라는 큰 구조 안에서 사고하려면 그림에 대한 인식이 바뀌어야 하는데 그게 힘들 것 같다.

이미지 한 장, 한 장은 아름다운데 그림책의 장면으로 들어왔을 때는 빛을 발하지 못하는 경우를 편집자들은 많이 본다. 그림책은 만화나 영화처럼 장면과 장면이 결합하여 의미를 만들어내는 '연속선상의 예술'이라는 점을 강하게 인식하고 작업에 적용해야 하는데, 쉬운 일은 아니다. 그래도 손에 잡히는 실체가 있는 결과물이 나오고, 비교적 오래 남는다는 면에서 나는 그림책 작업을 권하고 싶다. 다양한 책 분야 중에서도 특히 그림책은 수명이 긴 편이다. 물론 수명이 긴 책을 만들려면 그만큼 완성도를 끌어올려야겠지만. 뉘앙스가 풍부한 그림, 이야기가 담긴 그림을 지향한다면 그림책 작업을 추천한다.

"시각적 내러티브에 대한 풍부한 이해와 피드백 능력이 무엇보다 중요하다"

다른 어린이책을 편집할 때와 그림책을 편집할 때, 가장 큰 차이점을 꼽는다면?

그림책 편집자에게는 시각적 내러티브에 대한 풍부한 이해와 피드백 능력이 무엇보다 중요하다. 또 실무 차원으로 보자면, 그림책 작가, 특히 일러스트레이터와의 소통이 일의 대부분을 차지한다는 점이 가장 큰 차이일 것 같다.

그림책 편집 과정에서 힘든 순간은 어떤 때일까?

작가를 설득하는 데 실패할 때, 내 판단과 의지가 작가에게 잘 전해지지 않을 때, 아이디어가 막혔는데 뾰족한 돌파구가 떠오르지 않아 헤맬 때…… 주니어 편집자라면 여기에 편집장과 회사를 설득해야 하는 문제가 더해져 더 힘들 것이다. 예전에는 글 작가와 그림 작가가 각각인 책을 만들 때가 가장 어려웠던 것 같다. 종종 글 작가의 생각과 그림 작가의 방향이 다를 때 그 사이에서 의견을 조율하는 일이 특히 그랬다. 의견 대립이 감정 소모로 이어지지 않도록 조율하려 노력했다.

반대로, 즐겁고 설레는 순간을 꼽아본다면?

새로운 작품과 작가를 만나는 일은 늘 설렌다. 드문 일이긴 하지만 그림책을 잘 모르던 재능 있는 작가에게 그림책의 길을 열어줄 때도 그렇다. 재능 있는 작가의 작품을 만나면 당장 달려나가 만나고 싶어진다! 또 작가가 소통이 잘될 때. 내가 보고 듣고 배운 하나하나가 작가와 이야기할 거리가 되고, 어쩌다 통하는 이야기 하나가 작가한테 영감을 주면 정말 기분 좋다. 사실 제일 기쁠 때는 작가에게 A를 제안했는데 다음 미팅 때 작가가 A 플러스를 가져올 때다.

사실 A를 제안할 때 A 그대로 해달라는 뜻은 아니니까.

A라는 의견을 토대로 작가가 더 많이 생각해서 A 플러스 혹은 생각지도 못했던 Z를 끄집어내길 바라는 거다. 그냥 A로 고쳐 오면 맥이 빠진다. '앞으로 이 작품을 어떻게 끌고 나가야 하지?' 하는 고민이 생기고. 사실 편집자가 어떤 방향을 제안했더라도 작품에 적용했을 때 맞지 않을 수 있다. 그래서 내 의견이 정답은 아니라고 먼저 밝히기도 한다.

그림책은 형식의 지배를 많이 받다보니 편집자가 작품에 깊숙이 관여하고 피드백을 많이 할 수밖에 없지 않나 하는 생각도 든다. 때로는 작가의 기획에 편집자가 과연 어디까지 관여해야 하는지 헷갈리는 경우도 생긴다.

    큰 틀, 그러니까 어떤 작품을 먼저 완성할지, 작품을 통해서 어떤 세계를 구현할지, 어떤 메시지를 담을지 등은 작가 스스로 결정해야 한다고 생각한다. 편집자는 함께 대화를 나누면서 생각을 정리할 수 있게 도와주는 좋은 파트너가 되어야 하지만, 지나치게 깊이 관여하여 작가를 쥐락펴락하지는 않는 게 좋다. 이수지, 백희나 작가 같은 대가들은 확실히 단호하게 스스로 중심을 가지고 간다. 편집자 이야기를 경청하고 참고하되 작품의 향방을 편집자에게 기대지 않는다.

이기훈 작가처럼 작품을 100퍼센트 완성한 다음 출판사와 계약을 하는 작가도 있다. 《09:47》이나 《알》[3] 같은 작품을 보면 몇 년 동안 집중해서 완성한 흔적이 보이고, 편집자의 개입 여부를 떠나 뛰어난 작품 세계를 보여주고 있다.

    작가가 본인의 작품을 자신 있게 밀고 나가는 것도 정말 좋은 자세라고 생각한다. 뚝심 있게 자기 세계를 고수하다가 비로소 시대를 만나 훨훨 나는 이기훈 작가의 모습이 정말 감동적이다. 물론 책을 만들다보면 작가가 편집자의 말에 조금만 더 귀를 기울였으면 하는 생각이 들 때도 있지만, 결국은 작가가 본인 색깔을 스스로 잘 만들어갔으면 하는 마음이 더 크다. 최선을 다했다면 독자에게 자신 있게 작품을 선보이는 게 바람직하다.

작가의 의도 혹은 방향성이 독자 기호를 벗어날 때도 있다. 독자와 작가, 둘 중 어느 쪽이 더 중요할까?

그림책을 만들려면 특정한 독자를 늘 염두에 두어야 한다고 생각한다. 한편으로 좋은 작품을 만드는 작가는 결국 누구의 눈치도 보지 않고 자기 내면을 제대로 탐구해서 독창적인 세계를 보여주어야 하고. 나 또한 어린이를 위한 책을 만든다는 게 구체적으로 무슨 의미인지 끊임없이 생각을 수정하고 있다. 정답은 없다.

제목을 지을 때는 무엇을 가장 중요하게 생각하나?

《달 샤베트》[4]《수박 수영장》[5], 이렇게 듣기만 해도 그 안에 담긴 세계가 궁금하고 호감이 가는 제목이 가장 좋다고 본다. 책의 정수를 담는 게 당연하겠고. 짧고 명확해야 기억에 확실히 남는 인상적인 제목이 된다. 제목은 결국 매력적인 작품에서, 기획 단계부터, 대체로 또렷한 명사로 나온다. 또렷한 명사를 발견하지 못한다면 이제 형용사, 부사 등 온갖 수식어를 동원하고 작품의 주제를 선명하게 드러내는 방식으로 어필하는 수밖에 없다. 유행과 관행을 벗어난 참신한 제목을 지어보려고 늘 노력한다.

"그림책으로 다뤄야 될 역사적 사건은 아직도 많다"

편집한 책 가운데, 2024년 4월 세월호 참사 10주기에 맞춰 출간된 《세월 1994-2014》[6]를 인상 깊게 봤다. 작업이 어렵지는 않았나?
　편집 과정에서 당연히 고민이 많았다. 사회적 책임감을 가지고, 소재로서 가볍게 다루지 않고 묵직한 주제 의식을 놓치지 않아야 하니까. 한편으로는 독립출판물이나 무가지가 아니라 판매를 위한 상품을 생산하는 일이기 때문에 상업성도 고려해야 하고. 일종의 줄타기인데, 결국은 작품이 좋으면 다 해결되는 듯하다. 문제는 사회적 이슈를 다룬 좋은 작품을 만나기 힘들다는 거다. 운 좋게도 이 책은 좋은 글이 그림을 만나 시너지가 생겼다. 글 원고가 좋았기에 원고의 장점을 200퍼센트 살릴 수 있는 뛰어난 그림 작가를 만났던 것 같다.

사회적 이슈를 다루는 그림책을 만들 때 편집 방향을 어떻게 잡는지도 궁금하다.
　작가들은 진지한 문제의식과 사명감을 가지고 기획했겠지만 편집자 관점에서 보면 기출간된 책에서 여러 차례 시도한 소재나 접근법이거나, 그저 소재를 던져놓은 느낌을 주는 작품이 많다. 같은 소재를 다룬 책들과 비교해 글과 그림에서 무엇 하나라도 다른 접근법이 있어야 한다. 또, 어린이 그림책이라면 우화 등을 활용한 스토리텔링이 효과적이라고 생각한다. 《세월 1994-2014》는 시간 흐름에 따라 참사 과정을 정직하게 짚어가는 다큐멘터리 그림책이지만, 세월호를 화자로 내세운 접근법 하나로 색다른 인상을 주었다. 처음 원고를 읽으며 뒷덜미에 소름이 돋았던 기억이 난다. 우리나라의 아픈 역사가 한두 가지도 아니고, 그림책으로 다뤄야 될 역사적 사건은 아직도 많다. 더 잘해야 된다고 생각한다. 대한민국 그림책상도 받고 좋은 말씀을 많이 들어 우쭐할 때도 있지만, 끊임없이 고통받고 있는 유가족을 생각하면 좋은 책 만들었다고 그저 자랑스러워하기에는 마음이 복잡하다.

그림책이라는 형식 안에 담기니 세월호 사건을 새로운 시선으로 바라볼 수 있었다. 그런 차원에서 이 같은 시도가 이어지면 좋겠다는 생각이 들었다. 어쩌면 이런 책을 기획하는 것은 편집자의 사회적 역할 아닐까?

고정순 작가가 쓰고 그린 《돌아오지 못한 아이들》[7]은 열악한 일터에서 목숨을 잃은 청년 노동자 문제를 다루고 있다. 이런 사건은 끊임없이 터지고 있고, 그럴 때마다 이 책의 존재를 알리고 싶다가도, 가슴 아픈 사건을 이용해 책을 팔려고 드는 것 같아 주저하곤 한다. 환경 문제에 관련된 책을 만들 때도 내가 평소에 만들어내는 쓰레기를 생각하면 한숨이 나오고⋯⋯ 책으로라도 마음의 빚을 갚는다는 심정으로 만들지만 세상에 알리는 일은 늘 어렵다.

성평등과 다양성을 주제로 한 책을 큐레이션하는 모임인 다움북클럽에 편집자이자 도서 선정 위원으로 꾸준히 참여하고 있다.

어린이의 세계 자체가 다양성이 있는 세계이지 않나. 어린이는 모두 다 다르니까. 우리는 그 다양성을 책에 반영하고, 또 그렇게 만든 책을 아이들한테 보여줘서 자기 존재를 긍정하게 해야 한다. 다움북클럽에서는 연 1회 《오늘의 어린이책》[8]이라는 서평 잡지를 출간하여 성평등과 어린이 인권에 관련된 담론을 다루고 이러한 가치에 입각한 어린이 청소년 책을 추천한다. 작가, 평론가, 교사 등 어린이책에 관련된 여러 분야의 멋진 선생님들과 함께 독립군처럼 서평지를 출간하면서 나도 많이 배우고 있다.

이런 주제를 그림책으로 끌어들이는 데도 관심이 있는 것 같다.

그림책 속에 자연스럽게 다양성이 드러나야 한다는 건 어쩌면 당연한 얘기다. 인권이나 성평등 같은 진보적 의제에 관심이 많기는 한데, 적극적으로 내 일에 반영하지는 못했다. 2007년, 영국 그림책 작가들의 '인 더 픽처(In the Picture)' 캠페인을 접하고 가슴이 뛰었다. '모든 어린이가 책 속에서 자기와 같은 모습을 자연스럽게 발견할 수 있도록 하자'는 내용인데, 주제와 상관없이 피부색이 다양한 아이, 휠체어를 타고 안경을 쓰는 아이를 그림책에 자연스럽게 등장시키자는 작가들의 자발적인 약속이었다. 그 덕분인지 최근 영국 그림책들을 보면 히잡을 두른 아이, 안경 쓴 아이들이 자연스럽게 등장하고 있다. 나도 최소한 앞치마 두른 엄마만 양육자로 나오는 수준은 벗어나보자고 주장했지만, 종종 한계에 부딪히며 타협하기도 했다. 이제는 더 적극적으로 작가들에게 이런 부분을 고민하도록 제안하는 편이다.

"그림책의 중심에 어린이가 있기를"

그림책의 독자층이 어린이에서 성인으로 넓어지고 있다. 이러한 경향은 어떻게 보고 있나?

그림책은 어린이를 효과적으로 교육하기 위한 도구로 탄생했고, 점차 어린이의 즐거움과 주체성을 강조하는 방향으로 발전해, 이제는 전 세대가 함께 즐기는 책이 되었다. 전 세계의 그림책이 100년 넘는 시간 동안 그렇게 발전했고, 후발주자인 우리나라와 중국 같은 나라에서는 더 짧은 기간에 그런 변화를 겪고 있다. 우리나라 창작 그림책은 특히 세번째 단계에 빠르게 진입했고, 국제적으로 주목을 받기도 한다. 그렇지만 그림책에서 어린이라는 존재가 주변으로 밀려나는 건 아닌가 섭섭한 마음이 들 때도 있다. 개인적으로는 그림책의 중심에 어린이가 있기를 바라는 마음도 크다. 최소한 어린이를 배제하는 그림책은 만들지 말자고 작가들과 이야기 나누곤 한다. 그림책의 근간으로서 어린이 그림책이 더 발전해야 한다고 본다. 변화한 세상과 가치를 반영하는 훌륭한 교육적 그림책, 어린이의 상상력과 창의력을 도모하는 멋진 그림책이 더 많이 나오면 좋겠다.

훌륭한 교육적 그림책은 어떤 걸까?

어린이 또는 양육자에게 아주 작게라도 긍정적인 영향을 주는 그림책이라면, 훌륭한 교육적 그림책이 아닐까. 예를 들어 구도 노리코 작가의 '우당탕탕 야옹이' 시리즈[9]는 언뜻 보면 교훈과 거리가 멀어 보인다. 고양이들이 우르르 몰려다니면서 과장되고 서투르게 행동하는 모습은 아이들이 말썽을 피우는 모습과 상당히 닮아 있다. 그런데 사고 친 고양이들은 반드시 반성도 하고 수습도 한다. 물론 어린이 독자가 이 책을 읽고는 '나도 말썽을 부리면 반성해야겠다'라고 반듯하게 생각하지는 않을 것이다. 대신 양육자와 함께 깔깔 웃으며 야옹이들이 반성하고 책임지고 수습하는 모습을 보면서 오묘한 만족감과 안정감을 느끼지 않을까. 물론 그러고 나서 다음 권에서 또다시 사고를 치는 모습에 더더욱 공감할 테고.

"말썽부리면 절대 안 돼."라는 교훈이 아니라 "말썽을 부릴 수도 있지만 책임도 져야 한다는 건 알아둬."라는 교훈인 셈이다.

그렇다. 교훈을 잘 담으려면 세련된 기술이 필요하다. 가끔 "교훈적인 책은 만들고 싶지 않아요."라고 말하는 작가들을 만난다. 아마도 어렸을 적에 지나치게 교훈이 두드러진 작위적인 이야기를 읽고 자라서 그런 것 같다. 나 또한 억지스러운 교훈이 담긴 책은 당연히 싫다. 교훈이라는 말이 구시대적인 것 같아서 주제 의식, 의도 같은 말로 바꿔 말하기도 하는데, 어린이의 사회화 과정에서 필요한 여러 가지 주제나 소재들을 좋은 이야기와 그림에 담아 전하려는 노력은 늘 필요하다고 본다. 더불어, 우리나라 창작 그림책에 정말 시급하게 필요한 게 바로 유머다. 존 클라센 작가의 '모자 이야기'[10] 같은 그림책들을 읽으면 '어떻게 모자 하나 가지고 그렇게 이야기를 무한대로 만들지?' 하는 생각이 든다. 위트나 발상의 전환이 있는 그림책을 만들고 싶다.

어린이를 양육한 경험이 있어야만 그림책에 어린이를 담을 수 있을까?

하야시 아키코 작가는 여러 조카들을 모델로 수많은 그림책을 그렸다. 개인적으로는 엄마보다 이모가 더 나을 거라 생각한다. 객관적 거리를 두고 관찰할 수 있으니까. 내 아이를 기준으로 삼고 절대적인 판단을 내리는 건 굉장히 위험하다. 나도 아이를 키우지만, 아이와 그림책을 아주 열심히 보지는 않았다. 아이들도 성향에 따라 좋아하는 책이 다르더라. 큰 집합으로서의 어린이가 아니라 다양한 아이 하나하나를 들여다봐야 한다. 그러니까 '아이는 무조건 이걸 좋아해' 같은 법칙은 없는 거다.

실재하는 어린이가 줄어든 것도 사실이다. 그래서 어린이와 소통하는 방법이라든지 어린이를 작품 안에 담을 수 있는 방법을 찾고자 하는 작가들이 더 많아지고 있고.

얼마 전 블렉스볼렉스[11] 작가가 내한해서 인상적인 말을 남겼다. 누구보다 아티스트북에 특화된 작가인데도, 어떻게 해야 어린이가 흥미를 유지하며 페이지를 넘길지 구체적으로 고민한다는 것이다. 당연한 말인데도 신선했다. 우리 창작 그림책에서 왜 어린이가 빠져 있을까 한동안 고민했다. 어린이를 담지 않으려 하는 게 아니라 제대로 담아내는 작업이 지극히 어려워서 회피하려는 건 아닐까. 사실 그림책 문법에 익숙하지 않으면 어린이의 세계를 그림책에 담아내기 어렵다. 그러니 우선 그림책의 문법에 충실한 작품을 만들라고 조언하고 싶다. 흥미진진함, 책장을 넘길 때마다 다음 장면이 궁금하게 하는 묘미, 어린이를 만족시키는 지점, 즐거움, 상상력…….

그림책 문법에 익숙해지려면 무엇부터 해야 할까?

그림책에 대한 이해, 기본 이론 공부가 먼저이고, 그림책도 많이 읽어야 한다. 내가 아는 한 훌륭한 그림책 작가 가운데 그림책 보기를 게을리하는 분은 거의 없다. 오래된 고전을 섭렵하는 것도 중요하다. 후루룩 넘겨 보는 것이 아니라 분석적으로 보는 일, 섬네일, 스토리보드[12] 형태로 그림책 그림과 글을 필사하고 구조를 분석하는 일은 그림책의 다양한 형식과 기본적인 문법을 익히는 데 가장 큰 도움이 될 것이다. "그림책은 어린이를 위한 엔터테인먼트"라고 정의한 《시작, 그림책》[13] 같은 책을 추천한다. 이수지 작가의 에세이[14]나 최혜진 작가의 인터뷰집[15] 등은 창작자의 태도를 갈고닦는 데 도움이 되겠다.

기본에 충실하면서 흥미진진하고 어린이의 세계와 가깝다고 생각되는 그림책이 있다면 소개해달라.

《아리에트와 그림자들》[16]이 떠오른다. 인간의 심리, 어두운 내면, 어린이와 성인 모두가 가지고 있는 이중성을 거창한 심리학적인 개념이 아닌 그림자라는 시각적 요소를 통해서 재미있는 이야기로 풀어냈다. 그림이 화려하고 즐겁고 미적으로도 만족스러우면서 이야기가 흥미진진하고 재미있다. 마음이나 감정, 자존감 등은 요즘 작가들이 다루고 싶어하는 주제다. 어렵고 무겁게, 어린이들은 받아들이기 어렵게 표현한 책들이 많은데 이 책은 어린이의 생활 그 자체를 이야기하면서 성인 독자까지 공감하게 만드는 힘이 있다.

"혁신적이거나 참신하지 않더라도
변주를 통해 어린이에게 즐거움을 주는
전통적인 형식의 그림책들"

그림책 시장의 최신 흐름은 어떻게 분석하고 있나?

이런 질문은 언제 어떤 식으로 받느냐에 따라 답이 달라질 것이다. 그림책과 그림책 시장을 보는 위치나 관점에 따라서도 평가가 엇갈릴 듯하다. 규모가 작은 다수 출판사에서 상당한 종수의 그림책이 출간되는 우리나라의 특수한 출판 환경 때문인 것 같기도 하다. 두드러진 작가나 작품이 없이 고만고만한 작품만 나오는 것 아닌가 하는 암담한 느낌이 들 때도 있고, '와, 이렇게 개성 넘치는 작가들이 활약하고 있구나, 우리나라 그림책 대단하다!' 하는 생각이 들 때도 있다. 끊임없이 혁신하는 작가, 원점으로 돌아가 조용히 자기 세계를 풀어내는 작가, 비슷비슷한 패턴의 변주로도 능숙하게 독자를 만족시키는 작가, 낯선 세계를 우리 옆으로 친숙하게 데려다놓는 작가, 상상도 못 한 세계로 초대하는 작가…… 이 시점에서는 그래도 희망을 이야기하고 싶다.

암담한 느낌이 드는 건 왜일까?

편집자로 일하면서 '프로크루스테스의 침대' 은유를 종종 떠올리곤 했다. 긴 다리는 잘라내고 짧은 다리는 늘리면서, 전형적인 기준에 맞춰 획일적인 책을 만드는 것은 아닌지. 여러 창작 워크숍을 거쳐 작품이 완성되고 출판 계약으로 이어지는 일이 적지 않은데, 나 같은 강사나 편집자가 개입하여 작가의 개성을 톡톡 자르고 매끈하게 다듬은 작품 위주로 출간되는 것은 아닌지 짚어볼 필요가 있다.

비슷한 주제나 서사 방식이 계속 반복된다는 느낌도 든다. 어떤 주제의 그림책이 부족하다고 생각하나?

대한민국이라는 좁은 땅에서, 수도권에 지나치게 복닥복닥 모여 살다보니 경험과 상상력도 고만고만한 것 같다. 또 어른들이 획일적인 분위기에서 개인의 고유성을 침해당하며 자란 탓인지, 지난 10년 동안 '나다움을 찾는' 이야기가 그림책에 너무 자주 등장했다. 이 시대의 어린이에게 더 힘주어 이야기해야 할 가치는 오히려 '타인과 더불어 사는 법' 아닐까. 얼마 전, 환경 관련 주제의 그림책을 만들고 있는 젊은 예비 작가와 이야기를 나누었다. 어린이의 성장 과정에 관한 주제 및 소재는 어린 시절 익숙하게 봐왔기 때문에 충분히 많다고 여겼고, 색다른 그림책을 만들려다보니 환경 관련 주제를 선택했다고 했다. 그런데 사실 어린이와 양육자들은 기후 위기 그림책보다 이 닦기나 인사하기 같은 생활 습관, 거짓말과 죄책감, 형제와 또래 관계를 다룬 그림책을 더 많이 필요로 한다. 어린이의 놀이 본능을 반영하며 상상력을 열어주고 즐거움을 주는 그림책 역시 마찬가지다. 오늘날의 시대상과 감수성, 미감을 반영하며 끊임없이 새롭게 만들어져야 한다고 생각한다.

동화책과 그림책이라는 용어가 여전히 혼재되어 쓰인다. 이 둘을 구분하는 기준은 무엇일까?

그림책과 동화책은 교집합도 없지 않지만, 본질적으로 다른 속성을 갖는다. 특히 이미지 중심의 그림책, 그림책만의 독특한 형식을 띠며 전 세대를 아우르는 그림책은 동화책이나 어린이 책으로 분류하면 이상해진다. '그림책'이라는 용어가 유행어처럼 번지고 있지만, 여전히 온라인 서점에서는 유아 및 아동 카테고리 안에, 또는 에세이나 소설 카테고리 안에 하위 장르로 존재한다. 그림책을 위한 공공 정책도 턱없이 부족했다. 그래서 그림책협회[17]를 중심으로 그림책 작가들이 오랫동안 장르 독립에 대한 목소리를 내왔고, 나름의 성과를 쌓아왔다. 그런데 가끔은 구별이 애매하거나 불편해질 때도 있다. 그래픽노블과 그림책의 중간 형태, 단편 동화로 만든 그림책은 그림책으로 분류하면 안 되는 걸까? 때로는 그림책과 그림책이 아닌 책을 엄격히 구별해야만 할까 싶기도 하다.

커다란 그림이 좌우면에 가득 차 있고 글이 조금 쓰인 페이지들이 40~48쪽 정도 이어지는 형식이 전통적인 그림책의 구성이라 할 수 있을 텐데, 요즘은 페이지도 많아지고 만화 형식을 차용한 분할 장면들도 많이 보인다.

최근 출간된 우리나라 창작 그림책을 보면 40쪽, 16장면으로 구성된 그림책이 점점 줄어드는 추세다. 50쪽, 60쪽까지도 흔해졌다. 반면 일본은 여전히 전통적인 그림책의 형식을 잘 지키는 편이다. 일본에서 출판권 수입을 결정할 때 한국 그림책은 쪽수가 많아서 부정적 영향을 미친다는 얘기도 들었다. 일본이 좀처럼 안 변하는 편이기도 하지만, 독자, 즉 어린이의 발달 수준을 생각했을 때 40~48쪽이 적당하다고 여기는 것 같다. 어떤 면에서는 정형시처럼, 엄격하게 정해진 한계 안에서 상상력을 발휘하는 재미도 있지 않을까. 혁신적이거나 참신하지 않더라도 변주를 통해 어린이에게 즐거움을 주는 전통적인 형식의 그림책들에 늘 감탄하게 된다.

"조용히, 드러나지 않은 채
근사한 배후 역할을 하는 존재로
짜릿함을 느끼며 살고 싶다"

편집자로서 목표가 있다면?

뻔하지만, 잘 팔리는 책도 만들고 싶고, 박수받는 책, 상 받는 책도 만들고 싶다. 아무튼 책을 잘 만들어야 상을 받든 잘 팔리든 할 거다. 바람이 있다면 나이 들수록 편집 일을 더 잘하는 것이다. 또 농담 반 진담 반이지만, 80세까지 현역 편집자로 일하고 싶다.

롤모델이 있을까?

문득 일본 출판사 브론즈신샤[18] 대표 와카쓰키 마치코가 떠오른다. 스스로를 편집장이라고만 소개하는 할머니 편집자다. 브론즈신샤는 매달 한 권씩, 1년에 딱 열두 권의 책을 내는데, 그중 3분의 2 정도는 일본 창작 그림책으로 채우고 있다. 가급적 한 작가의 책을 꾸준히 출간하고, 그 몇 종을 전 세계에 수출한다. 그러면서 한국 그림책에도 꾸준히 관심을 갖고 지켜보다가, 백희나 작가의 책을 1년에 한 권씩 일본에 소개하기 시작했다. 흔들림 없는 실력과 시스템이 다 멋있고 부럽다. 적은 종수로 길고 단단하게 자신만의 그림책 세계를 만들어가는 느낌이다.

편집 일 외에 국제교류 사업 참여나 강연 등 외부 활동도 활발한 편이다.

일하는 틈틈이 KBBY 국제교류 사업을 도왔고, 몇몇 그림책 창작 워크숍에서 강의도 하고 있다. 조용히, 꾸준히 책을 만드는 고수 편집자들이 참 많은데, 나는 다른 일로 시끄럽게 돌아다니는 것 같아 창피하기도 하다. 약 50년간 편집자로 일한 다이애나 애실이 쓴 《되살리기의 예술》[19]에서 이런 문장을 봤다. "편집자는 산파에 불과하다는 사실을 잊지 말아야 한다. 자식에 대한 칭찬을 듣고 싶거든 직접 낳아야 한다." 누구나 '나'를 드러내고 싶어하는 세상이지만, 편집자는 보이지 않게 조용히 책을 만들 때 가장 멋있다. 편집자의 손에서 어떤 결정이 이루어지고 어떻게 책이 만들어지는지 세상 사람들이 꼭 알아야 하는 건 아니니까. 조용히, 드러나지 않은 채 근사한 배후 역할을 하는 존재로 짜릿함을 느끼며 살고 싶다. 이런 인터뷰에 별 고민 없이 응하는 성격상 이미 글렀지만……

마지막으로, 동료 편집자들에게 전하고 싶은 말이 있다면 남겨달라.
장기적이고 거시적인 관점에서 '국제적인 교류'를 시도해보자고 제안하고 싶다. 해외 도서전 출장을 갈 때도 책을 검토하거나 미팅을 하는 등 당장 업무에 필요한 일만 만들지 말고 해외 작가의 강의도 듣고 해외 출판 관계자들과 인사도 나누며 교류를 시도하는 거다. 국내에서 하듯이 해외에서도 동료 작가와 편집자를 만들어가면 좋겠다. 우리나라 작가와 외국 작가의 콜라보도 더 자주 시도해보고. 나도 영어라는 장벽 때문에 여전히 주춤하고 있긴 하지만, 후배 세대로 가면 갈수록 자연스럽게 그런 길이 트이리라 생각한다. 한강 작가가 노벨 문학상을 받고 브루노 마스가 〈아파트〉 노래를 하는 지금, 그림책 만드는 우리끼리만 섬에 갇혀 있을 수는 없으니까.

주석

1. KBBY(Korean Board on Books for Young People)는 전 세계 80여 개국에 지부를 둔 국제아동청소년도서협의회(IBBY, The International Board on Books for Young People)의 한국 위원회이다. 1995년 고(故) 신경숙 대표(초방책방)가 설립했다. 한국 아동문학 대표 작가들에 관한 연구를 토대로 한스 크리스티안 안데르센 상, 아스트리드 린드그렌 상 등 국제상의 한국 작가 추천, 후보 선정을 맡아 진행하고 있다. 또 국내외 아동·청소년 도서 문화 관련자들이 아동·청소년 도서에 대한 정보를 공유할 수 있도록 지원한다. 최현경은 2022~2023년 KBBY 부회장을 역임했다.

2. 피에르 바야르(Pierre Bayard) 지음,《읽지 않은 책에 대해 말하는 법》, 김병욱 옮김, 여름언덕, 2008.

3. 이기훈 지음,《09:47》, 오승현 편집, 김성미 디자인, 글로연, 2021, 제5회 롯데출판문화대상 본상 수상작.《알》, 이영애 편집, 김도형 디자인, 비룡소, 2016.

4. 백희나 지음,《달 샤베트》, 백승온 편집, 이기섭 디자인, 스토리보울, 2024(초판은 2010년 출간).

5. 안녕달 지음,《수박 수영장》, 서채린 편집, 반서윤 디자인, 창비, 2015.

6. 문은아 글, 박건웅 그림,《세월: 1994-2014》, 추진우 디자인, 노란상상, 2024.

7. 고정순 지음,《돌아오지 못한 아이들》, 구민재 디자인, 노란상상, 2021.

8. 다움북클럽,《오늘의 어린이책》1~4, 김다노, 김유진, 김지은, 남윤정, 서현주, 신수진, 유지현, 윤아름, 최현경 도서 선정 및 편집 위원, 조혜숙 편집, 이지선·김지은 디자인, 오늘나다움, 2021~2025.

9. 2015년《빵공장이 들썩들썩》(윤수정 옮김)부터 2024년《꼬르륵 꼬르륵 캠핑》(윤수정 옮김)까지 총 열한 권이 책읽는곰에서 출간되었다.

10. 2012년《내 모자 어디 갔을까?》(서남희 옮김), 2013년《이건 내 모자가 아니야》(서남희 옮김), 2016년《모자를 보았어》(서남희 옮김)가 시공주니어에서 출간되었다.

11. 블렉스볼렉스(Blexbolex)는 그래픽 디자이너, 일러스트레이터, 만화가이다. 2009년 세계 최고의 북 디자이너에게 주어지는 골든레터 상을 받았다. 실크스크린 기법을 즐겨 사용하며, 단어로만 구성된 간결한 텍스트로 구성된, 혹은 텍스트 없이 이미지로 서사를 쌓은 독특한 그림책 세계를 보여준다. 국내에는《계절 Seasons》(명혜권 옮김, 파라텍스트, 2024)이 번역 출간되었다.

12. 그림책 창작 과정에서 섬네일은 연출하고자 하는 장면을 작은 종이나 네모 칸에 대략적으로 그려본 그림을 말한다. 섬네일들을 순서대로 연결해 스토리보드를 완성하고, 작은 섬네일 더미북으로도 여러 차례 만들어보며 장면의 순서와 구성을 확정한다.

13. 도이 아키후미(土井章史) 지음, 《시작, 그림책》, 김민지 옮김, 안그라픽스, 2015.

14. 이수지 지음, 《만질 수 있는 생각》, 정은정 편집, 황일선 디자인, 비룡소, 2024. 《이수지의 그림책》, 김효영 편집, 허선정 디자인, 비룡소, 2011.

15. 최혜진 지음, 《유럽의 그림책 작가들에게 묻다》, 신창용 사진, 윤이든 편집, 권예진 디자인, 은행나무, 2016. 《한국의 그림책 작가들에게 묻다》, 해란 사진, 김단희 편집, ohmypaper 디자인, 한겨레출판, 2021.

16. 마리옹 카디(Marion Kadi) 지음, 《아리에트와 그림자들》, 정혜경 옮김, 문학동네, 2022.

17. 그림책협회는 그림책 작가, 연구자, 출판인, 향유자 등이 모여 만든 단체로 2016년 출범했다. 2024년 기준으로 회원은 540여 명이며, 그 가운데 작가가 300여 명에 이른다. 그림책에 대한 인식 확장, 창작 여건 개선, 그림책 관련 제도 및 정책 수립 등에 힘쓰고 있다.

18. 브론즈신샤(ブロンズ新社), 《이게 정말 사과일까》(고향옥 옮김, 주니어김영사, 2014), 《있으려나 서점》(고향옥 옮김, 온다, 2018) 등으로 큰 사랑을 받고 있는 그림책 작가 요시타케 신스케(ヨシタケシンスケ)를 발굴했다.

19. 다이애나 애실(Diana Athill) 지음, 《되살리기의 예술》, 이은선 옮김, 아를, 2021.

그림책을
매력적으로 만드는 선택

디자이너 김성미

◆◆

스튜디오 마르잔 대표, 디자이너이자 아트디렉터인 김성미는 디자인하우스와 창비에서 디자이너로 근무했다. 2011년 국내 창작 그림책 최초로 볼로냐 라가치 상[1] 대상을 받은 《마음의 집》[2], 2019년 BIB 황금사과상[3]을 받은 《세상 끝까지 펼쳐지는 치마》[4], 2022년 롯데출판문화대상 본상을 받은 《09:47》, 2023년 대한민국 그림책상을 받은 《줄타기 한판》[5] 《호랑이 생일날이렷다》[6]를 디자인했다. 걸출한 상을 받은 책들이기에 앞의 네 권을 언급했지만, 그의 손을 거쳐 매력적인 형태로 완성된 그림책은 더 많을 테다. 김성미라는 디자이너를 떠올리면 내 머릿속에는 세 개의 키워드가 떠오른다. '물성' '정돈' 그리고 '맥락'. 2023년 서면 인터뷰를 교환하고 2024년 1월 세 시간에 걸쳐 대화를 나누면서, 나는 이 세 개의 키워드를 구체적인 책과 디자인 언어로 풀어내고자 했다. 또한 디자이너가 영감을 얻고 그것을 시각화해내기 위해 분투하는 모습을 담고 싶었다. 찰나의 영감이 책에 어떠한 흔적들—서체, 컬러, 판형 등—로 남겨지는지 디자이너의 목소리로 생생하게 담았다. 내가 김성미 디자이너와 가장 많은 책을 함께 만든 편집자는 아닐 것이다. 그래도 내가 20년 전쯤 창비에 입사했을 때부터 각자 프리랜서의 길을 걸은 뒤에도 수많은 그림책을 협업해 완성해왔다는 것만은 사실이다. 이 책을 쓰는 시점에서 우리 두 사람은 30여 권의 책을 함께 만들었고, 또 만들고 있다. 그리고 사적으로도 매우 친한 사이임에도, 인터뷰집을 마무리하는 지금에야 김성미 디자이너에 대해 제대로 이해할 수 있었다고 고백해야겠다. 우리가 잘 알고 있다고 여기는 모든 것은 어쩌면 책의 형태로 다시 읽었을 때 보다 선명해지는 것은 아닐까?

"그림책이 영화라면, 그림책 디자이너는 프로덕션 디자이너라고 할 수 있다"

북디자인이란 어떤 일인가?

그저 책을 멋지게 꾸미는 일, 표지만 예쁘게 만드는 일이 아니라 맥락을 갖고 시각적으로 풀어내는 일이다. 북디자이너는 책에서 얘기하고자 하는 서사의 맥락에 맞게 레이아웃[7]을 정하고 서체를 선택하고 판형을 결정해서 책이라는 하나의 입체물을 만들어낸다. 낱장의 종이들을 일정한 목적을 염두에 두고 모아 한 권의 책으로 만드는데, 본문 디자인에서 표지 디자인에 이르기까지 다각도에서 종합적으로 사고해야 한다.

북디자이너와 아트디렉터, 어떤 차이가 있을까? 각각을 정의한다면?

북디자이너는 말 그대로 책을 디자인하는 사람이다. 편집자가 보내준 원고를 읽고, 함께 책의 내용과 방향성 등에 대해 의논한 후 대상 독자를 고려하여 읽기에 좋고, 보기에도 좋은 책 꼴을 만들어낸다. 이러한 경험이 쌓이면 디자이너는 기획, 생산, 영업, 문화적인 면까지 고려한, 좀더 확장된 시선을 갖게 된다. 아트디렉터는 그러한 안목으로 기획에도 참여하고, 시각적 효과를 총괄하며, 일러스트레이션, 사진 등의 작업자나 작품을 제안 또는 선정하고, 레이아웃을 결정하는 일을 한다.

그렇다면 '그림책 디자이너'는 어떻게 정의할 수 있을까?

그림책이 영화라면, 그림책 디자이너는 프로덕션 디자이너라고 할 수 있다. 그림책의 그림뿐 아니라 독자가 그림책을 접했을 때 보는 책의 전체적인 외양, 시각적인 면을 모두 디자인한다. 레이아웃, 타이포그래피[8], 컬러 등의 시각적인 면과 질감, 촉감, 무게감 등 책의 물성이 주는 효과를 염두에 두고 다양한 공감각을 유도한다. 이렇게 그림책을 좀더 입체적으로 바라보면서 작가의 작업을 같이 고민하며 대안을 제시하기도 한다. 이런 일련의 과정 안에서 파라텍스트[9]를 제대로 이해하고 표현한 완성도 있는 책을 만들어내기 때문에 단순한 디자이너라기보다는 아트디렉터에 가깝다고 할 수 있다.

파라텍스트라는 단어를 잠깐 짚고 넘어가자. 언젠가부터 파라텍스트라는 단어가 그림책 비평가나 향유자들 사이에서 많이 쓰이고 있다. 디자이너로서 이 맥락을 어떻게 보고 있나?

파라텍스트는 프랑스의 문학 이론가 제라르 주네트가 1987년 출간한 책 《문턱(Seuils)》에서 처음 사용된 용어다. 이 개념이 우리나라에 널리 알려지기 전인 1990년대 말 2000년대 초 북디자이너들은 한국의 안상수[10], 정병규[11], 일본의 스기우라 고헤이[12], 중국의 뤼징런[13] 등의 디자인을 교과서 삼아 텍스트를 온전히 이해하고 맥락 있는 디자인 연출과 의미 있는 물성의 효과를 북디자인에 녹여내려 애썼다. 당시 정병규 디자이너가 주장한 '一册 一字(일책일자, 한 책에 어울리는 하나의 글자가 있다)'도 같은 태도에서 비롯된 것이라 생각한다. 파라텍스트라는 용어만 사용하지 않았을 뿐 맥락은 거의 같다. 지금은 그림책 전반에 파라텍스트라는 개념이 널리 쓰이면서 디자이너는 물론 작가, 편집자 들이 창작 과정에서 이 부분에 대해 함께 고민하고 있다. 글 원고, 그림 원고와 함께 표지, 제목, 속표지, 면지 등에도 의미를 부여하여 제3의 텍스트로 서사에 영향을 주게 되었다. 비평가들이 그림책에서도 영화처럼 미장센을 논할 수 있으니, 독자가 향유하는 시공간이 더 풍성해진 셈이다.

2023년에 디자인한 《빛방울이 반짝반짝》[14]과 《빛나는 외출》[15]은 우연찮게도 모두 빛을 다루는 그림책인데, 글자를 텍스트이자 파라텍스트로 이용했다는 점이 굉장히 인상적이었다.

《빛방울이 반짝반짝》에는 '빛의 방울'이라는 것이 등장한다. 눈에 보이지 않지만 동식물의 생장에, 사람의 삶에 꼭 필요하다. 빛의 방울이 나무 끝을 타고 아픈 새한테 가거나 사람한테 가는 모습이 그림으로 보이는데, 글도 그에 맞게 극적으로 보이면 좋겠다고 생각했다. 또 그림 작가의 밀도감 있는 색연필 그림을 깨뜨리면서 글을 넣기가 싫었다. 고민을 하다가 우선 빛방울이 움직일 때 텍스트의 자리나 배치를 조금씩 변형해줬다. 또 빛방울 자체가 동그랗다고 상정하고 동그란 빛방울 안에 글자를 넣어봤다. 장면이 더 예쁘게 보이면서도 이 그림책이 이야기하고자 하는 바를 잘 표현해주어 만족스러웠다.《빛나는 외출》은 강아지가 나비를 따라 산으로 들어가는 장면으로 시작된다. 하늘은 저녁노을이 지면서 노랑에서 빨강, 보라로 그러데이션 되고, 다음 장면에서는 푸른 어둠으로 변한다. 그림 자체가 빛의 변화다. 나는 처음 나온 노란색이 밝음의 빛이면 뒤에 나오는 푸른색은 어둠에 가까운 빛을 상징한다고 봤다. 또 이 책의 핵심은 반딧불이인데, 반딧불이가 변태하는 것이 컬러의 그러데이션과 비슷하다고 느꼈다. 그런 맥락에서 자연스럽게 본문 글자의 색깔도 그러데이션 하게 됐다. 본문 그림에 어두운 색조가 많은데 그 위에 그러데이션 컬러의 글자들을 얹어서 어둠 안에서 글자들이 빛처럼 반짝거리도록 연출했다. 빛의 스펙트럼을 텍스트로 표현한 거다.

그림책 디자이너에게만 요구되는 특별한 능력이 있을까?

그림책 디자이너는 글과 그림에 대해 이해하고 분석할 수 있어야 한다. 더불어 그림책 작가가 쓰는 재료나 작가의 작업 스타일을 이해하고, 밑그림부터 채색까지 작업 과정에서 유의할 점 등을 미리 예측할 수 있어야 한다. 또 작가의 개성, 작가가 표현할 수 있는 것과 표현할 수 없는 것들을 알아채는 능력도 필요하다.

기술적인 능력도 필요할 것 같다.

가장 기본적으로 인디자인, 일러스트레이션, 포토샵 등을 능숙하게 다루어야 머리로 생각한 것을 손으로 구현할 수 있다. 인쇄를 하기 위한 최종 편집 프로그램으로는 인디자인을 많이 쓰지만, 제목 글자를 만들거나 특별한 그래픽적인 효과를 주기 위해서는 일러스트레이션, 포토샵 프로그램을 능숙하게 잘 다루어야 하고, 이미지를 합성하거나 색감을 조절하기 위해서도 포토샵을 잘 다루는 능력이 필수라 할 수 있다.

인쇄 감리[16]도 그림책 디자이너에게는 중요한 업무 중 하나다. 인쇄 현장에서 비슷비슷해 보이는 여러 견본 중 최선의 것을 선택하고 결정하는 디자이너의 안목이 놀라울 때가 있다.

작가가 색을 쓰는 사람이라면, 디자이너는 색을 맞추는 사람이다. 그림과 인쇄에서 사용하는 잉크가 다르니 원화와 똑같이 맞추기는 힘들다. 하지만 그림을 계속 보다보면, 어떤 색감이 좀더 드러나면 좋겠다거나 이렇게 인쇄하면 더 좋아 보이겠다는 판단이 생긴다. 인쇄는 어떤 종이를 쓰느냐, 어떤 잉크를 쓰느냐에 따라서도 결과물이 완전히 달라진다. 그림의 스타일과 감성에 맞게 종이의 광택이나 질감 등을 모두 고려해서 결정해야 한다. 요즘은 이미지 데이터의 프로필(인쇄를 위한 데이터 환경 설정)도 중요하다. 많은 경험이 필요하고, 꾸준히 진화하는 소프트웨어 환경에 맞게 공부하고 테스트도 해봐야 한다.

인쇄 색감을 감리를 보고 결정하는 행위가 꼭 교정교열 보는 행위 같다는 생각도 든다. 문장을 제대로 잘 고쳤다고 생각했는데 잘못 판단해서 오탈자가 남는 것 같은 느낌이랄까?

그렇게 생각할 수도 있겠다. 잉크 제조사에 따라서 잉크색이 좀 다르기도 하고, 수치만 가지고 인쇄가 잘됐는지, 안 됐는지 판단할 수는 없다. 다 눈으로 확인하고 손으로 조정을 해야 한다. 처음에는 너무 어려웠다. 첫 인쇄 감리를 혼자 갔는데, 성향상 처음 갔다고 아무것도 못 하는 스타일은 아니어서 그냥 용감하게 계속 기장님한테 물어봤다. 인쇄 기계 앞에서 인쇄된 견본을 봤는데, 잘 나온 건지 도저히 구분이 안 가더라. 밖으로 들고 나와서 햇빛 아래서 봤더니 좀 감이 잡혔다. 그래서 요즘도 밖으로 나와서 자연광에서 인쇄 견본을 보는 습관이 있다.

"《안개 속의 서커스》를 읽고
구조적으로 물성을 이용하는 작업들을
더욱 좋아하게 되었다"

그림책 작가는 이야기하고자 하는 것을 시각화된 장면들로 표현해야만 그림책을 구성할 수 있다. 디자이너도 보이지 않는 의미와 맥락을 시각화한다는 면에서 그림책 작가와 굉장히 비슷하다는 생각도 종종 한다.

나는 글자나 문장도 이미지의 덩어리로 먼저 인식한다. 원래 언어라는 것은 이미지에서 출발해서 기호로 정리된 것인데 왜 다들 의미로만 인식할까 하는 아쉬움이 들 때도 있다. 그림책을 디자인할 때는, 텍스트의 위치를 계속 바꿔본다. 의미를 지닌 글이기도 하지만 그림책 화면 안에서는 그림의 완성도를 올려주는 이미지 요소 중 하나로 바라보는 거다. 전체 맥락 안에서 이 위치가 적당한지, 앞 페이지와 연결성을 생각했을 때 갑작스러운 자리는 아닌지 등을 판단한다. 보통 글은 그림의 여백에 많이 배치하는데 의미 없이 그러면 안 된다. 그림과의 맥락을 생각하면서, 이것도 이미지라고 생각하고 적소를 찾는 일이 중요하다. 편집자나 작가가 문장의 조사나 종결 어미를 계속 바꿔보는 것과 비슷한 맥락일 것 같다.

디자이너의 시선에서 가장 훌륭한 그림책을 한 권 소개한다면?

공감과 감동의 차원이 아닌, 디자이너의 감각으로 브루노 무나리[17]의 《안개 속의 서커스》를 꼽고 싶다. 2002년에 볼로냐 아동 도서전에 처음으로 출장을 갔다가 이 책을 처음 접하고 잠시 충격에 빠졌던 기억이 난다. 이 책만큼 물성에 대해 정확히 이해하고, 구성과 후가공에 대한 자신감을 가지고, 하고자 하는 이야기를 잘 구현한 책은 드물다. 제목에 '안개'가 있는데, 본문에 트레이싱지를 써서 안개를 표현했다. 트레이싱지를 한 장 한

장 넘길수록 강렬한 원색의 컬러가 점점 선명해지는데, 내가 정말 서커스장으로 다가가고 있음을 경험하게 해준다. 이런 방식의 맥락 만들기가 놀라웠다. 종이와 종이가 겹쳐지면서 장면이 재미있게 연출되는 것도 충격적이었다. 그림책에서는 책의 물성이 내러티브를 더 깊게 전달하는 역할을 할 수도 있구나, 어렴풋이 깨닫던 시기였는데,《안개 속의 서커스》를 읽고 구조적으로 물성을 이용하는 작업들을 더욱 좋아하게 되었다.

그래서인지 평소 책의 물성을 굉장히 중요시하는 디자이너라고 생각해왔다. 물성을 이야기하자면,《마음의 집》도 빼놓을 수 없다.

이보나 흐미엘레프스카 작가는《마음의 집》출간 전부터 우리나라 독자들에게 널리 알려져 있었다. 꽤 좋은 책들이 출간되어 있었고. 그런데 내가 맡은 이 책은 기존의 출간작들과는 좀 다른 느낌으로 디자인하고 싶었다. 기존의 디자인이 나빴다는 이야기는 아니고, 독자에게 새로운 이보나 흐미엘레프스카의 모습을 보여주고 싶은, 디자이너의 욕심 같은 거였다. 그래서 본문 그림을 박스 안에 넣어봤다. 논리적으로 생각한 건 아니었고 그냥 본능적으로. 묘하게도 박스 안에 넣으니까 그림이 더 잘 보였다. 박스가 액자 기능을 하니까 섬세한 그림을 더 자세히 보게 되는 것 같았다. 게다가 이 책은 병렬 구성이라 반드시 처음부터 읽지 않아도 된다. 그래서 그림을 같은 크기의 액자 안에 일률적으로 넣는 방식이 잘 어울렸다. 디자이너로서 또 다른 시도는, 글자 색깔이다. 이때만 해도 그림책 텍스트는 다 검은색이어야 했다. 그런데《마음의 집》본문 그림들을 자세히 보니 검은색이 거의 없었다. 단지 잘 읽히게 하려고 검은색 글자를 이 그림과 같이 배치하는 게 좋은 결정일지 의문이 들었다. 그래서 글자를 바닐라 컬러로 넣었다. 그랬더니 그림 분위기도 해치지 않으면서 글자가 잘 보였다.

사실 이 책이 우리나라 창작 그림책 최초로 라가치 상을 받으리라고는 아무도 예상하지 못했다. 작업자로서 이 책에서 진짜 중요하게 다룬 지점들, 책의 물성, 텍스트의 구조 등이 매우 뛰어나다는 것을 공식적으로 인정받았기 때문에 수상 소식이 더 기뻤다.

까맣게 잊고 있다가 최근에 발견한 게 있다. 출간 직후 이보나 흐미엘레프스카 작가가 보낸 이메일이다. 이렇게 쓰셨다. "제가 라가치 심사위원이라면 이런 혁신적인 아이디어와 체계, 만듦새에 분명 라가치 상을 주겠지만, 이 책은 그런 상을 받기엔 너무 얌전한 작업이겠지요? 디자이너는 정말 기적적인 작업을 했다고 생각합니다. 디자이너의 존재감이 앞으로 드러나 있진 않지만 그래서 디자이너가 더욱더 돋보이는 작업이에요. 이 책의 디자인은 이 감각과 단순미에서 정말 뛰어납니다. 종이의 선택, 제본, 노란색의 내지, 표지의 하얀 틀, 거울처럼 보이는 은빛 종이, 정말 모두가 완벽하고 내가 만들어도 이렇게 만들 수 없었을 거예요. 인쇄는 제 그림보다도 훨씬 잘 나왔어요. 다행이네요."

재미있다. 결국 몇 달 뒤 라가치 상을 받았으니까.

《마음의 집》수상 소식을 들었을 때는 마침 내가 프리랜서로 전향해야지 하고 결심했던 시기였다. 10년 넘는 직장생활이 이런 좋은 결과로 돌아오는구나 하는 생각도 들었다. 그런데 이 책의 그림 작가가 폴란드 사람이라서, 사정을 잘 모르는 이들은 운 좋게, 쉽게 상을 받았다고 말하기도 한다. 작업자로서는 '글쎄'라는 생각이 든다.

"그림 작가가 섭외되면 그때부터 그림책 디자인은 시작된다"

작가와 함께 그림 완성도를 끌어올리고 맥락을 쌓아가는 것이 바로 김성미라는 디자이너가 지닌 강점이 아닐까 생각한다.

요즘 여러 가지를 깨닫게 되는데, 기획 단계부터 같이 의견을 주고받으면서 디자인할 때와 작가가 거의 다 완성한 상태에서 디자인을 할 때 만족도가 조금 다른 것 같다. 스케치가 거의 다 진행되었거나 채색까지 거의 마무리된 상태에서 디자인을 맡았을 때보다 기획 단계부터 협업했을 때 디자이너로서 더 좋은 결과물이 많이 나왔다. 아마도 오랜 시간 작가와 함께하며 여러 과정을 공유했으니 작가의 의도를 온전히 잘 녹여내며 디자인 했던 것 같다.

작가와 편집자, 디자이너는 서로 어떤 관계인가?

당연히 협업 관계다. 서로 마주 보는 관계가 아닌 함께 멋진 책을 만들기 위해 걸어가면서 손을 잡지만, 때로는 밀어주고 때로는 끌어주는 동행자라고 생각한다.

어떤 방식으로 협업하나?

나는 경험이 많은 디자이너에 속하는 편이라 아트디렉터로서 역할을 하는 경우가 많다. 글 원고를 보고 느낌을 파악하고, 확인해야 할 사항이나 다른 의견이 있으면 정리해서 편집자와 의논한다. 이후 그림 작가를 섭외할 때는 후보군을 만들어서 편집자와 회의를 하게 되는데, 신기하게도 후보군이 겹칠 때가 많다. 그림 작가가 섭외되면 그때부터 그림책 디자인은 시작된다. 작가, 편집자, 디자이너, 그림 작가 등 작업자들이 다 모여서 콘셉트 회의를 한다. '전체적으로 밝은 그림이면 좋겠다' '글 원고가 좀더 친절해지면 어떨까' '판형은 크면 좋겠다' 등. 글과 그림을 한 작가가 하는 경우, 스케치가 제법 진행되었거나 때로는 채색도 일부 된 상태에서 디자인을 맡기도 한다. 이럴 때도 전체 흐름을 살피면서 구성이나 채색 방향 등에 대해 다양한 의견을 주고받으며 디자이너로서의 역할을 하게 된다.

그림책을 디자인할 때 디자이너가 주로 결정하는 일들이 따로 있나?

대부분은 편집자나 작가와 함께 결정하게 된다. 섬네일, 스케치, 채색 등 단계별 피드백은 편집자와 함께 한다. 책의 판형, 글 그림 레이아웃, 글꼴 페어링, 타이포그래피 등은 내가 먼저 제안하는 편이고. 본문이 어느 정도 완성되면 표지 디자인, 후가공, 종이, 장정 등을 결정하게 되는데 이때는 확정된 표지 디자인 방향에 맞는 제작 사양을 디자이너가 먼저 제안하고, 출판사에서는 예산이나 방향성 등을 감안하여 제작 사양을 결정한다. 그림의 결, 즉 일관된 색감이나 분위기를 위한 컬러 보정, 합성 등도 결정이라 할 순 없지만 디자이너의 판단과 스킬이 필요한 일이다.

그림책 진행 과정에 구체적으로 들어가서 이야기해보자. 작가가 섬네일이나 스케치를 진행할 때 디자이너는 어떤 역할을 하나?

내 경우는 섬네일 수정, 스케치 수정 단계마다 전체 흐름을 보면서 원고도 살피고, 그림의 구성, 화면 연출 등을 모두 편집자와 함께 검토하고 피드백을 주고받는다. 그리고 작가마다 작업하는 스타일이 좀 다르기 때문에 작업 스타일에 가능한 한 맞춰가며 필요한 피드백을 전달한다. 섬네일 단계를 열심히 한 다음 스케치를 한 번에 끝내는 작가도 있고, 섬네일 단계를 건너뛰고 바로 스케치를 하는 작가도 있다. 이장미 작가의 경우 나와 다섯 권의 그림책[18]을 함께 했는데 그중 두 권의 그림책은 섬네일 단계를 열심히 한 다음 바로 채색으로 들어갔다. 그래서 그 두 권은 마지막 섬네일을 크게 확대해서 본문 판형에 앉힌 다음 전체 흐름을 보면서 편집자와 함께 피드백을 전달했다.

작가에게 어떻게 피드백을 주나?

장면의 연결성이나 화면 연출이 아쉬운 지점, 페이지를 넘기며 볼 때 흐름이 이상한 지점 등을 많이 이야기한다. 무조건 고쳐달라고 하기보다는 "이런 게 좀더 낫지 않을까요?" 하는 방식으로. 간혹 신인 작가나 그림책 작업이 처음인 작가의 경우 이 과정을 힘들어하기도 한다. 본인의 작업 혹은 본인에 대한 비판으로 받아들이는 거다. 그래서 최대한 사적인 감정이나 취향을 버리고 작가가 표현할 수 있는 것, 책의 매력에 대해 생각하며 의견을 전하려 한다. 물론 이런 의견들을 작가가 다 수용할 필요는 없다. 작가는 여러 의견을 듣고 생각을 정리하여 더욱 집중해 발전시키면 되는 것이다.

원화가 완성되고 나면, 디자이너는 그림을 판면에 크게 앉히기만 하면 된다는 오해도 많이 받는다. 어떤 일을 하나?

채색된 원화가 완성되면 스캔을 넘기고, 데이터를 확인하고, 스케치를 채색 원화 데이터로 바꿔가면서 하나하나 다시 검토한다. 스케치에서 안 보였던 지점들이 채색에서 보일 수도 있기 때문에. 이 단계에서 그림 수정이 필요하면 작가에게 요청할 때도 있고 디자이너가 직접 고칠 때도 있다. 일부 그림을 합성하거나 배경 색깔을 고치거나 디테일의 위치를 바꾸거나 배경을 늘리는 등……

때로는 장면 순서를 바꿀 때도 있다.

그림책은 책장을 넘기면서 이미지를 쌓아가며 보는 책이니까. 계속 장면을 넘기면서 흐름을 확인하고, 장면의 순서를 바꾸는 일도 생긴다. 읽다가 문장이 약간 애매하거나 이상하면 그에 대한 의견을 전할 때도 있고.

편집자 혹은 작가와 의견이 충돌할 때도 있나?

당연히 있다. 그럴 경우 상반된 의견을 우선 들어본 후 핵심, 본질이 무엇인지 생각해본다. 책의 메시지와 관련된 것은 작가나 편집자의 의견에 좀더 귀 기울여 문제를 해결하면서도 시각적으로 가장 좋은 지점이 어디일까 고민하며 대안점을 찾는다. 그 외의 지점들, 주제나 메시지를 한층 매력적으로 보이게 하는 디자인 디테일은 디자이너의 안목과 선택이 중요할 때가 있다. 이런 지점에서 의견이 반목될 때는 왜 이렇게 디자인했는지, 왜 이런 구성이 필요한지 진솔하게 이야기하며 작업자들을 설득

한다. 예시 작업으로 반목될 지점을 미리 사전에 확인하게끔 할 때도 있다. 이야기가 잘 통해서 서로 마음 다치지 않고 기분 좋은 결과물로 이어진다면, 파트너로서 지속적으로 작업을 하게 된다.

그림책 디자인 의뢰를 받을 때 가장 중요하게 생각하는 점이 있다면 무엇일까?

공감할 수 있는 매력과 개성이 작품에 있어야 한다. 그래야 그 점을 살려서 독자에게 잘 전달되도록 디자인할 수 있으니까.

"나는 지금도 노력하는 사람이다"

어떤 어린이였나?

어린 시절 고전무용 학원과 피아노 학원을 다녔지만 두각을 나타내지는 못했다. 오히려 숙모에게 배운 뜨개질을 더 잘했다. 그림도 잘 그렸다. 반이나 학교 대표로 포스터 그리기 대회에 나가서 상을 받은 적도 있고. 되짚어보면 책과 접점이 많은 어린 시절이었다는 생각은 든다. 1년에 여러 달을 외국에 나가 있는 직업을 가진 아버지 덕에 집에 외국 잡지나 이미지가 많은 책, 음반 들이 꽤 있었다. 외국어를 전혀 모르니 그 신기한 사진과 그림을 자세히 보면서 혼자 이야기를 지어내며 상상의 세계에 빠지곤 했다. 1964년에 발행된 인도네시아 수카르노 대통령 소장 회화 조각집은 지금도 가지고 있다. 아홉 살 무렵 아버지가 사오신 책이다.

책을 만드는 사람이 될 거라고 생각한 적이 있나?

전혀. 과연 우리 중 어릴 적 책을 만드는 사람이 될 거라고 생각한 사람이 몇 명이나 될까? 그림을 좋아했지만 미대 입시를 볼 생각도 없었다. 나중에 대학을 가야 할 시점이 되어서야 좋아하는 걸 공부하고 싶다고 생각했고, 8개월 정도 미술학원을 다닌 뒤 시각디자인과에 들어갔다. 1학년 때는 정밀 묘사, 표현 기법 등 여러 가지를 배웠다. 2, 3학년이 되어서 광고 디자인, 브랜드 디자인, 편집 디자인을 배웠는데, 그때도 브랜드 디자인 쪽을 좀더 잘했다. 예컨대 어떤 브랜드의 로고를 만든다고 하면, 브랜드 스토리를 먼저 이해하고 그걸 분석해서 이미지 아이디어들을 얻고, 그다음에 레퍼런스도 찾고 해야 무언가가 만들어지지 않나. 그런 작업들을 좋아했다. 이야기를 담는 편집 디자인도 좋아해서 그쪽 일을 해보려고 했었다. 하지만 그 안에 북디자인이라는 과목은 아예 없었다.

어떻게 북디자이너가 되었나?

스물일곱 살에 처음 디자인 관련 회사에 들어갔다. 디자인 기획사였는데 10개월 정도 다니면서 많은 일을 했다. 두번째 회사는 홍보 기획사였는데 역시 업무량이 많았다. 툭하면 밤새고. 아무튼 2년 동안 다양한 작업을 굉장히 많이 한 덕분에 포트폴리오가 잘 갖춰졌다. 그 뒤 책을 제대로 만드는 회사에 다니고 싶다는 생각이 들어서 디자인하우스로 이직을 했다. 디자이너로서 제대로 일한 곳은 디자인하우스부터였다고 생각한다. 그때부터 성인 김성미로서의 삶이 정리가 된 것 같다는 생각도 들고. 바빴지만 재미있었다. 새벽 2시에 퇴근한 적도 많았는데, 동료들이 좋았고 내가 디자인하는 책들이 모두 의미 있다는 생각에 너무 즐거웠다.

디자인하우스 이후 창비로 회사를 옮겼다.

디자인하우스를 3년 반 다녔는데, 아무래도 잡지 기반인 회사이다보니 단행본 출판사가 궁금하더라. 마침 내부 조직 개편 시점에 창비 어린이팀에서 구인을 해서 입사하게 됐다. 그 뒤 자연스럽게 어린이책과 창작 그림책의 디자인에 주력하게 됐다.

서투른 신입 디자이너 김성미의 모습이 궁금하다.

배워야 될 게 너무 많았다. 프로그램을 다루는 데 능숙하지 못했고, 혼자 표지 디자인을 할 만한 경험도 없었고. 거의 매주 교보문고에 갔다. 모든 코너를 돌면서 표지 디자인이 어떤지, 누가 디자인했는지 확인했다. 당시 유행했던, 언더그라운드 문화를 기반으로 한 무크지나 스트리트매거진들도 많이 봤다. 앞서 말했듯 안상수, 정병규, 스기우라 고헤이, 뤼징런 같은 그래픽 디자이너의 작품을 공부하면서 책이라는 것을 입체적으로 보면서 맥락 있게 디자인하는 일에 좀더 집중하게 됐다. 많이 보고 흉내도 내면서 배운 거다. 내가 탁월한 재능을 가진 사람이라고 생각하지는 않는다. 오히려 탁월하진 않지만 평균 이상의 재능을 지닌 채 잘하고 싶은 욕망이 많은 아이였다. 어릴 때부터 끊임없이 새로운 것, 신기한 것을 알고 싶어했던 아이가 모자란 재능을 호기심과 꿈으로 채워가지 않았을까 생각한다. 나는 지금도 노력하는 사람이다.

처음으로 디자인한 그림책을 소개해달라.

디자인하우스에서 2002년에 출간된 그림책《마지막 거인》[19]이다. 한 지리학자가 거인들과 우정을 나누고, 이 거인들의 나라가 세상에 알려지면서 생각지도 못한 비극으로 치닫는 이야기다. 환경 파괴에 대한 경고도 담겨 있다. 당시 나는 에세이, 요리책, 영어책 등 다양한 분야의 책을 디자인하고 있었다. 그래서 이 책을 맡았을 때 그림책을 디자인한다는 생각보다는 이 이야기가 주는 감동을 디자인에 잘 녹이고 싶다는 마음이 컸다. 프랑스어판은 스노우화이트지에 인쇄되었고, 표지도 사각 틀 안에 그림을 넣은 디자인이라 정직하고 이론서처럼 느껴졌다. 책을 읽으며 느낀 감성을 디자인에 담고 싶다는 생각으로, 본문은 재생지, 표지는 표면에서 질감이 느껴지는 마분지를 사용했고, 표지 이미지를 단색으로 바꾸었다. 본문도 원서는 글이 들어간 왼쪽 면이 아무 장식 없이 깔끔하게만 되어 있었는데 나는 글 위아래로 거친 선을 넣었다. 거인의 외침이나 아픔 같은 느낌을 내고 싶었다. 결과적으로 프랑스어판과는 외형적으로 다른 책이 되었지만, 다행히 저작권사에서 좋아했고 작가도 마음에 들어했다. 얼마 전 개정판이 나와서 지금은 디자인이 바뀌었다.

어린이 그림책이라기보다는 요즘 출간되는 어른을 위한 그림책처럼 보인다. 당시에는 꽤 혁신적인 디자인이었을 것 같다.

좀 재미있었던 것이 그림책을 접한 적이 별로 없는 사내 잡지팀 기자나 다른 팀 편집자들이 유독 이 책을 좋아했다. 너무 좋다고 따로 찾아와서 말을 전하기도 했고. 그런데 어린이책을 만드는 업계 사람들은 어린이책답지 않게 어둡다는 평을 하기도 했다. 20년 전이니까. 그때는 어린이책이라면 표지가 검은색이면 안 되고, 밝고 환하고 아이들한테 뭔가 희망을 줘야 된다는 고정관념이 강했다. 또 그림책은 무조건 어린이를 위한 책이라고 여기던 시절이고. 나는 그 틀에서 벗어나 그저 책의 내용에 충실한 디자인을 했던 것 같다.

"어느 순간에는 집요하게
어느 순간에는 번뜩이는 영감으로,
스스로를 잘 변주할 수 있어야 한다"

《위대한 아파투라일리아》[20]와 《호랑이 생일날이렷다》 표지를 보면 화려한 이미지를 정확한 의미와 맥락 안에서 정돈했다는 느낌이 든다. 화려함 안에 있는 정돈됨이야말로 김성미 디자이너의 특징이 아닐까 하는 생각도 했다.

    후배 디자이너에게 이런 말을 한 적이 있다. "디자이너는 정리가 우선이다." 집을 꾸밀 때 화려한 걸 많이 집어넣는다고 멋진 집이 되는 건 아니지 않나. 일단 청소를 잘해야 되고 그다음엔 좌우 행렬이나 각도 같은 걸 잘 맞춰야 되는 것처럼 디자인도 그런 맥락에서 이해하면 쉽다. 핵심이 무엇인지 파악하고 나머지는 정돈을 해서 그 핵심이 잘 보이게 해야 한다. 디자이너에게는 '그리드'[21]라는 좋은 정리 도구가 있다. 그리드를 잘 맞추는 게 기본이다. 또 서체, 컬러 등 기본 요소 몇 가지만 정리해도 디자인이 훨씬 좋아진다.

직장인으로서도 정리는 중요한 능력 같다. 정리가 잘되어야 소통이 편안하니까.

    디자이너가 되기 전에 출판과는 완전히 다른 분야의 대기업을 다녔다. 거기서 처음 직장생활을 하며 일종의 정리 훈련을 받았다. 그때는 내 일을 잘 정리해야지 나도 편하고 다른 직원도 편하다는 게 직장 내 예절이었다. 업무 사항을 넘길 때 내가 보기 편하게 정리하는 게 아니라 이걸 받아보는 사람이 잘 이해하고 볼 수 있는지 생각하면서 정리한다거나, 업무를 효율적으로 하기 위해 데이터나 자료를 정리하는 게 습관이 됐다. 예를 들면 여러 개의 그림 파일을 전달하는 사소한 일도, 정확한 파일명에 순서대로 번호까지 매겨서 주면 받는 사람도 이미 정리된 순서로 열어볼 수 있는데, 이름도 번호도 없으면 일일이 열어보면서 하나하나 확인해서 다시 정리를 해야 하니까 상대방의 시간을 빼앗게 된다. 최소한 그렇게는 하지 말자는 거다.

남이 봤을 때도 충분히 이해할 수 있게끔 일을 하는 태도를 지녀라. 어쩌면 작품을 발표하는 작가나 편집자, 디자이너 모두가 이 자세를 기본적으로 갖추고 있어야 좋은 책을 만들 수 있을 것 같다. 창작의 기본은 정리가 아닐까 하는 생각으로 확장되기도 한다.

나는 스마트한 사람이 좋다. 그야말로 일머리가 있는 사람들과 효율적으로 잘하는 것을 좋아한다. 다행히 주변에 그런 매력적인 작가, 편집자가 많이 있다. 내 편의만 생각하면 그만큼 다른 사람이 불편해질 수 있다는 것도 잘 아는 사람들이다. 다만 창작이라는 영역은 정리나 효율이 주가 되면 안 되기에, 이 도구를 바탕에 잘 깔고, 어느 순간에는 집요하게, 어느 순간에는 번뜩이는 영감으로, 어느 순간에는 작업자를 믿고, 어느 순간에는 배려하며 스스로를 잘 변주할 수 있어야 한다고 생각한다.

디자이너는 창작자이면서 또 노동자이기도 하다. 노동자로서 힘들 때 자신에게 힘을 주는 건 뭘까?

꾸준히 내가 나를 믿는 거다. 나는 이 일을 진심으로 좋아하니까.

그림책 디자인이 정말 재미있다. 즐겁다는 느낌을 받을 때가 있나?

가끔 작업을 하기 위해 컴퓨터 앞에 앉았는데 두근거릴 때가 있다. 주로 안 풀렸던 표지의 실마리를 얻었을 때, 그림 작가의 멋진 그림이 완성되어 들어왔을 때, 마음이 잘 맞는 작가나 편집자와 대화를 마치고 나서 집에 돌아올 때, 인쇄부터 제본, 후가공까지 잘 마무리된 책을 받아볼 때 등이다. 사람들이 내 디자인 작업을 신선하다고 평할 때도 기분 좋다. 가끔 그림책 독자 중에 김성미 디자이너의 팬이라고 말씀하시는 분을 만나면 되게 고맙고. 대부분은 작가의 팬이지 않나.

디자이너가 영감을 받는 순간들도 궁금하다.

디자인 시작 단계에서 고민을 많이 한다. 계속 생각하는 거다. 그러면 일상의 순간, 아이디어가 떠오른다. 밤에 잠자기 전에 아이디어가 생각날 때도 있고 꿈에서 생각날 때도 있다. 어떤 그림을 보고 고민이 해결될 때도 있고. 영감을 받으려고 특별한 순간을 기다리지는 않는다. 이미지를 켜켜이 쌓는 게 일상이 됐다. 출판사 클 로고는 영화 인트로 화면을 보다 영감을 얻어 만들었다. '클'이라는 글자는 여섯 개의 가로획이 네모를 꽉 채우고 있어 형태로는 재미가 없다. 그런데 당시 관람했던 영화 인트로에서 화살표가 계속 나왔다. 순간 '클'의 'ㅋ'을 화살표 '→'로 만들면 재미있지 않을까 하는 이미지적 아이디어를 얻었다.

어쩌면 보고 듣는 모든 것이 모두 켜켜이 쌓여 아이디어로 발전된다고도 볼 수 있겠다.

맞다. 돌담 색깔을 볼 때도 있고 패턴을 볼 때도 있고. 국립고궁박물관에 가서 한복을 봤는데 배색이 이렇게 예뻤구나 하고 새삼스레 생각해보게 될 때도 있다. 근데 나는 디자인 자료로서 사진으로 찍거나 기록으로 남기려고 하지는 않고 그냥 본다. 내 안에서 어떻게든 융합이 돼서 나와야지, 사진으로 찍어서 데이터화하면 그건 내 색깔이 아닌 것 같아서.

"구조적으로 물성이 가미된
작업들을 하고 싶다"

지금까지와는 완전히 다른 디자인 작업을 해보고 싶지는 않나?

20여 년 전까지는 포스트모더니즘, 해체주의의 흐름을 탄 디자인 책들이 많았다. 나도 네빌 브로디[22]나 데이비드 카슨[23]처럼 당시 혁신적인 디자인과 타이포그래피를 선보였던 디자이너들의 작품에 열광했었다. 록이나 헤비메탈 공연을 좋아했던 시절이기도 했고. 그때는 내 디자인 작업도 굉장히 자유롭고 재미났던 것 같다. 이후 어린이책이나 대중적인 책을 본격적으로 하게 되면서 그런 과감한 면들이 많이 깎여나가거나 정돈됐다. 그러니까 좀 동그래진 거다. 이게 좋은 일인지 나쁜 일인지는 모르겠는데 아무튼 대중과 계속 만날 수 있는 길은 이쪽이었던 것 같다. 이제 와서 새삼스럽게 완전히 다르거나 엉뚱한 걸 하고 싶은 마음은 별로 없지만 나의 디자인 흐름 안에서 새로운 작업은 언제든 해보고 싶다.

디자이너로서의 방향성이 궁금하다. 어떤 목표가 있나?

구조적으로 물성이 가미된 작업들을 하고 싶다. 한때는 팝업북도 좋아했는데 지금은 팝업북만 특별히 좋아하진 않는다. 그러니까 북아트라고 할 만큼 공예적이거나 팝업 같은 기법에 치중

한 책보다는 브루노 무나리나 고마가타 가츠미[24]의 책처럼 다양한 물성을 갖고 있으면서도 서사적으로도 깊은 울림이 있는 책을 한번 해보고 싶다.

내러티브를 파괴하지 않고 이야기가 주는 감동이 있으면서도, 구조적인 물성을 같이 가져가는 작업을 추구한다고 정리할 수 있겠다.

맞다. 아직 그런 그림책을 기획부터 깊이 있게 함께 작업해본 기회가 없다보니 스스로 100퍼센트 만족했다 할 만한 디자인 작업물은 없는 셈이다. 제작 비용이 가장 큰 걸림돌이다. 디자인하우스, 창비의 인하우스 디자이너로 일했던 2000년대 초반만 해도 종이나 후가공을 선택할 때 훨씬 자유로웠던 것 같다. 어느 순간 갑자기 종잇값이 오르면서 수입지를 쓰는 것이 어려워졌고, 제본 등 제작에서도 많은 제약을 받는 것이 현실이다.

책이라는 결과물로는 100퍼센트 만족한 적이 없다 해도, 책을 이루는 요소들, 이를테면 표지나 서체 등의 결과물에 만족한 적은 있었을 것 같다.

《09 : 47》을 언급하고 싶다. 표지 디자인을 할 때, 제목이 숫자이긴 하지만 시간을 표현하고 있기 때문에 디지털 느낌의 서체만으로는 내러티브를 담기 어렵다고 생각했다. 또 이 책은 환경 오염과 기후 위기에 대한 메시지를 담고 있어서 바닷속에 있는 것들이 부서지고 해체되는 이미지가 많았다. 그래서 제목 서체도 마치 사라지는 것처럼 해체되는 이미지로 만들었더니 '이제 시간이 없어, 곧 사라질 거야' 하는 느낌이 잘 표현되어서 혼자 굉장히 만족했다.

부서지는 서체를 통해서 표지에서부터 굉장한 긴장감이 느껴진다.
표지 디자인을 확정하는 과정도 재미있었다. 작가가 제안한 방향으로 만든 시안이 있었고, 내가 본문 그림 중 하나를 골라 만든 시안이 하나 더 있었다. 두 시안 중 하나를 고르려고 했는데 마침 출간 전에 온라인 서점에서 '북 펀딩'을 했다. 펀딩에 참여한 분들 목록과 감사 메시지를 책에 넣어야 해서 1쇄에서만 재킷 표지를 만든 다음 안쪽에 참여자 명단과 메시지를 수록하자는 아이디어가 나왔다. 그래서 내가 만든 시안은 재킷 표지로, 작가의 제안은 하드커버의 표지로 각각 디자인했다. 재킷 안쪽을 보면 배 모양의 그림 위에 펀딩 참여자 명단이 올라가 있는 게 보인다. 마치 노아의 방주처럼. 그 옆에 작가의 사인이 있다. 굳이 벗겨보지 않으면 안 보이기 때문에 독자들은 잘 모르는 포인트다. 재킷 표지는 좋은 반응을 얻어 중쇄본에도 그대로 유지되고 있다. 명단과 사인은 1쇄본에만 있지만.

반대로 디자이너로서 무력감이 느껴지는 순간도 있을 것 같다. 마치 벽에 딱 부딪힌 것처럼.
작업 기간이 너무 짧을 때, 작가가 책임감 없이 원고를 쓰거나 그릴 때, 디자인을 의뢰한 출판사의 의도를 파악하기 힘들 때 좋은 결과물을 내기 힘들다. 어느 정도 규모가 있는 출판사인 경우, 작가의 의견, 담당 편집자의 의견에 더해 편집부 의견, 마케팅부 의견 등이 다 다를 수 있다. 중요한 건 담당 편집자가 모든 의견을 다 듣고 정리를 한 다음 디자이너와 소통하면서 방향을 찾아가야 하는데 편집자 본인도 정리가 안 된 상태에서 각각의 취향처럼 느껴지는 여러 의견을 일방적으로 전달하는 데 그치면 디자이너는 출판사가 원하는 게 뭔지 알 수 없게 된다. 디자이너가 '시각적 해결사'이기는 하지만, 책을 만드는 과정은 협업이기에 책을 같이 만드는 작업자들, 편집자, 작가의 태도가 결과물에 많은 영향을 미치는 거다.

"할머니가 되어도 곁에 있을 좋은 친구"

20년 넘게 디자인 작업을 해왔다. 처음과 지금, 자신에게 달라진 점이 있다면?

나는 편집 디자인 기반에서 다양한 북디자인을 해오다가 점점 그림책 디자인을 많이 하게 된 경우라 할 수 있다. 그사이 무모한 열정은 줄었고, 경험은 많아졌다. 열정이 줄었다고 애정이 줄어든 것은 아니라서 그 20년 이상 시간의 흐름에서 얻은 것들이 모두 나의 디자인 근육이 되었다고 생각한다. 열정만 많던 때를 돌이켜보면, 내가 생각했던 것과 의견이 다르거나 맘에 안 드는 결과물이 나오면 화르륵 화도 내고 성질도 부렸다. 좀 여유 없는 디자이너였다. 이제는 그때에 비해 디자인 근육들이 단단하게 커져서, 문제가 생기면 해결책을 먼저 생각하는 경험과 여유를 지닌 디자이너가 되었다고 생각한다.

근육이 생겼다는 말이 큰 울림을 준다. 사실 모든 디자인 작업이 다 좋은 평가로 이어지는 건 아니니까. 또 작업자들끼리는 매우 만족한 그림책이었는데 기대와는 달리 대중의 평가는 차가울 때도 있다.

다른 사람들의 평가도 중요하지만 사실 나처럼 경험이 쌓인 사람들은 내가 잘했는지 못했는지 안다. 스스로 돌아봤을 때 부끄럽지 않을 정도의 결과물이면 우선은 다행이다. 반대로 다른 사람들이 다 좋다고 해도 내가 아닌 걸 알 때는 기분이 씁쓸하다. 아마 작업자들만이 이해하는 기분일 거다. 늘 조금 더 새롭게 디자인을 하고 싶다. 그렇게 디자이너로서 부끄럽지 않은 결과물이 만들어져야 대중의 평가가 뜨겁거나 차가울 때 크게 흔들리지 않을 것 같다.

앞으로의 계획이 있다면?

가능하다면 70대까지 일할 생각이다. 그때가 되면 내가 일러스트를 꼬물꼬물 그려서 마음대로 책을 만들지도 모른다. 브루노 무나리처럼 그래픽적인 작품을 만들 수도 있고.

마지막 질문이다. 디자이너 김성미에게 그림책이란 어떤 의미일까?
나의 피, 땀, 눈물, 그리고 할머니가 되어도 곁에 있을 좋은 친구.

주석

1. 라가치(Ragazzi, 이탈리아어로 '어린이') 상은 매년 뛰어난 어린이책을 선정해 수여하는 상이다. 이탈리아에서 개최되는 볼로냐아동도서전 기간 중에 시상식이 열린다. 책 내용은 물론 디자인, 편집, 장정의 수준과 창의성, 교육적·예술적 가치를 평가 대상으로 삼는다.

2. 김희경 글, 이보나 흐미엘레프스카 그림, 《마음의 집》, 최은영 편집, 창비, 2010. 2011년 볼로냐아동도서전에서 라가치 상 논픽션 부문 대상을 받았다. 우리나라 창작 그림책으로는 첫 대상 수상작이다.

3. BIB(Biennial of Illustrations Bratislava)는 슬로바키아 브라티슬라바에서 개최되는 어린이 청소년 책 일러스트레이션 비엔날레. 그림책의 예술적 가치와 새로운 시도를 평가해, 뛰어난 작품을 출품한 작가에 그랑프리 상(1명), 황금사과상(5명), BIB 훈장(5명)을 수여한다. 2005년 한병호 작가가 《새가 되고 싶어》(김주성 꾸밈, 캐릭터플랜, 2004)로 우리나라 그림책 작가 최초로 황금사과상을 받았다.

4. 명수정 지음, 《세상 끝까지 펼쳐지는 치마》, 오승현 편집, 글로연, 2019.

5. 민하 지음, 《줄타기 한판》, 오승현 편집, 글로연, 2022.

6. 강혜숙 지음, 《호랑이 생일날이렷다》, 조여진 편집, 우리학교, 2022.

7. 레이아웃(layout)은 글, 그림, 사진 등을 효과적으로 정리하고 배치하는 작업을 뜻한다. 레이아웃 작업의 방향은 책의 성격에 따라 달라진다.

8. 편집 디자인에서 타이포그래피(typography)란 텍스트의 모양을 디자인하는 서체 디자인부터, 조판 방식, 가독성을 위한 단락의 구조 설정까지도 포함된다.

9. 파라텍스트(para-texte)는 본래 제목, 저자 이름, 장르 표시, 서문, 발문, 각주 등 주 텍스트 곁의 요소들, 주로 본문을 보완하는 텍스트를 뜻한다.

10. 안상수는 그래픽디자이너이자 타이포그래퍼다. 한글이라는 재료와 타이포그래피라는 구조를 이용하여 자신만의 그래픽 세계를 구축해, 안상수체로 대표되는 다수의 글꼴을 디자인했다. 2007년 독일 라이프치히에서 수여하는 구텐베르크 상을 받았다.

11. 정병규는 출판인이자 우리나라 북디자이너 1세대로, 우리나라 북디자인의 개척자, 책의 분장사로 불린다. 1970년대 중반부터 북디자인을 독립 디자인 영역으로 주장했다. 이혜리 작가의 그림책 《달려》(보림, 2009), 《비가 오는 날에…》(보림, 2001)에 아트디렉터로 참여했다.

12. 스기우라 고헤이(杉浦康平)는 일본의 그래픽 디자이너이자 도상학자이다. 1950년대

후반부터 디자인 활동을 시작하여 다양한 분야에서 수많은 디자인 작품을 남겼고, 약 50년간 40여 종의 잡지와 2,000권이 넘는 책을 디자인했다. 책을 종이와 활자로 이루어진 물건이 아닌 '3차원적 우주 공간(우스다 쇼지 지음,《스기우라 고헤이 디자인》변은숙 옮김, 한국출판마케팅연구소, 2011)'으로 재해석했다.

13. 뤼징런(呂敬人)은 중국의 대표적 북디자이너이다. 스기우라 고헤이의 가르침을 받고, 북디자인은 평면의 디자인을 3차원적 공간인 책이라는 건축물로 빚어야 한다고 하였으며, 이 공간에 시간의 개념을 넣어 북바인딩, 타이포그래피, 편집 디자인을 통합해, 표지, 내지의 총체적 디자인을 시도했다. 또한 눈과 마음을 통한 감상과 종이 넘김의 느낌까지도 고려해 시각, 후각, 촉각, 청각, 미각 등 오감을 자극하는 책을 추구했다.

14. 윤여림 글, 황정원 그림,《빛방울이 반짝반짝》, 김수현 편집, 나는별, 2023.

15. 최은영 글, 이장미 그림,《빛나는 외출》, 최은영 편집, 시금치, 2023.

16. 인쇄 감리란 의도한 대로 인쇄 결과물이 잘 나왔는지를 인쇄소에서 직접 확인하는 일을 말한다. 전량을 인쇄하기 전, 테스트 인쇄물을 확인하고 진행해야 잘못된 인쇄물이 대량으로 생산되는 일을 막을 수 있다. 그림책 제작에서 인쇄 감리는 매우 중요한 과정이다. 따라서 편집자, 디자이너, 작가가 함께 인쇄소에서 원화와 인쇄물을 비교하며 감리를 보는 일도 흔하다.

17. 브루노 무나리(Bruno Munari)는 이탈리아 작가이자 디자이너로, 오늘날 이탈리아 디자인의 발전에 중추적인 역할을 했다. 순수 추상회화에서 조각, 그래픽, 인테리어 디자인부터 어린이를 위한 그림책에 이르기까지 다양한 형식을 넘나드는 실험적 작업의 선구자로, 피카소로부터 '제2의 레오나르도 다빈치'라는 평을 받았다. 대표작인《안개 속의 서커스》는 이탈리아 코라이니 출판사(Corraini Edizioni)에서 1996년 복간했다.

18. 《어서 와, 여기는 꾸룩새 연구소야》(정다미 글, 염미희 편집, 한겨레아이들, 2018), 《달에 간 나팔꽃》(오승현 편집, 글로연, 2020),《살아갑니다》(최은영 글, 최은영 편집, 시금치, 2021),《달라서 좋은 내 짝꿍》(신경림 글, 김은주 편집, 웃는돌고래, 2022), 《빛나는 외출》(주석 15 참고).

19. 프랑수아 플라스(François Place) 지음,《마지막 거인》, 윤정임 옮김, 디자인하우스, 2024, 초판은 2002년에 출간.

20. 지은 지음,《위대한 아파투라일리아》, 오승현 편집, 글로연, 2019.

21. 그리드(grid)란 디자인 요소들을 배치하는 데 사용되는 시각적인 구조를 뜻한다. 수평선과 수직선으로 이루어져 있다. 선이 교차하는 지점을 기준으로 요소를 배열해 디자인에 일관성과 통일감을 부여하고 가독성과 균형감을 유지한다.

22. 네빌 브로디(Neville Brody)는 영국 그래픽 디자이너로, 수작업이 디지털로 대체되던 1980년대 중반에 혁신적이고 감각적인 타이포그래피 디자인으로 주목받았다. 5년간 잡지 《페이스》의 아트디렉팅을 맡아, 문자를 해체하거나 활자체를 직접 개발하는 등 다양한 실험을 진행해 디지털 혁명의 실체를 보여주었다고 평가받는다.

23. 데이비드 카슨(David Carson)은 미국 그래픽 디자이너로, 가독성을 위한 전통적인 디자인 규범에서 벗어난 디자인, 이른바 '더티 타이포그래피(dirty typography)'를 선보였다. 본문 글자를 붉은색으로 쓰거나, 자간과 행간을 자유롭게 조정한 디자인 등은 지금은 익숙하지만 당시에는 금기를 건드렸다고 여겨질 정도로 혁신적인 디자인이었다.

24. 고마가타 가츠미(駒形克己)는 페이퍼 아티스트이자 디자이너, 그림책 작가로 일본과 미국에서 활동했다. 1986년 디자인 스튜디오 원 스트로크(ONE STROKE)를 설립했고, 종이의 질감과 색, 두께를 이용한 독특한 아이디어와 디자인적인 접근이 돋보이는 페이퍼아트 그림책 세계를 보여주었다.

텍스트 너머
옮겨야 할 것들

번역가 엄혜숙

번역가이자 연구가, 편집자인 엄혜숙은 서울에서 태어나 연세대학교에서 독일 문학과 한국 문학을, 인하대학교와 일본 바이카여자대학교에서 아동문학과 그림책을 공부했다. 1984년부터 출판사에서 일했고, 1987년 웅진 출판사(지금의 웅진씽크빅)에 입사하면서 어린이책 편집을 시작해 비룡소, 한솔교육, 보림 등의 출판사에서 어린이책과 그림책을 만들었다. 편집자로서도 대선배이지만 어찌 보면 한국 어린이 출판의 역사를 몸소 경험한, 살아 있는 박물관 같다. 인하우스 편집자에서 번역가, 작가로, 나아가 그림책 연구가이자 수많은 그림책 소모임의 리더로, 그야말로 그림책 출판의 모든 것을 직접 겪어낸 사람이기 때문이다. 그래서인지 엄혜숙은 짧은 몇 마디 문장으로는 설명하기 힘들다. 이번 인터뷰에서는 번역가로서의 면모에 더 집중했지만, 언젠가는 엄혜숙의 목소리로 정돈된 우리 그림책 출판의 역사를 읽게 될 날이 오지 않을까? 2024년을 기준으로 600권이 넘는 책을 번역한 그에게 자신을 소개해달라고 했더니 남긴 문장. "책 읽기를 좋아하다가 책 만드는 사람이 되었어요. 대학에서 문학을 공부했고, 지금도 문학과 그림책을 동무 삼아 살아가고 있어요." 소박하고 꾸밈없는 소개. 자신이 번역한 책 중 그림책 분야에서는 누구나 다 아는 《깃털 없는 기러기 보르카》[1] 《잃어버린 것》[2] 《하지만 하지만 할머니》[3] 정도는 언급했어도 좋았을 텐데. 그야말로 엄혜숙답다. 2023년 여름 서면으로 인터뷰를 나눈 뒤, 2024년 3월 세 시간에 걸쳐 대화를 나누었다. 녹음기가 꺼진 것도 모른 채 대화에 빠져 있었던, 아찔한 기억이다.

"1996년에 첫 번역서가 나왔으니까 굉장히 오랫동안 번역 일을 했다"

이 자리에 오기 전, 온라인 서점에서 엄혜숙을 검색했더니 517권의 책이 나오더라.

전집 번역까지 합치면 600권이 넘을 거다.

숀 탠, 구도 노리코, 다비드 칼리, 미야자와 겐지, 이와사키 치히로[4], 에릭 칼[5], 존 버닝햄, 아놀드 로벨, 피터 브라운 등 이름만 들어도 작품이 떠오르는 중요한 그림책 작가의 책을 번역했다.

운이 좋았다. 그런데 스스로도 우스운 건, 번역을 한 지 꽤 오래됐는데도 나는 내가 번역가라고는 생각을 안 했다는 거다. 아무래도 편집자로 출판 일을 시작했기 때문인 것 같다. 2016년에 고양시 주엽어린이도서관에서 그림책 토크쇼를 연 적이 있다. 작가, 디자이너, 편집자, 번역가를 각각 한 명씩 초청해서 이야기를 듣는 행사였는데 나한테 번역가로 나와달라고 해서 그때 처음 스스로를 번역가로 인지하게 됐다. 생각해보니 1996년에 첫 번역서가 나왔으니까 굉장히 오랫동안 번역 일을 했다. 사실 나는 나이 들었다고 생각 안 하는데, 한 번씩 내 나이가 많구나 느껴질 때가 있다. 한 편집자가 그러더라. 어렸을 때 비룡소에서 내가 번역했던 그림책을 읽고 자랐다고.

그림책 번역은 어떤 계기로 시작했나?

1996년에 출간된 《깃털 없는 기러기 보르카》가 처음 번역 출간한 그림책이다. 바로 이어서 아놀드 로벨이 쓰고 그린 '개구리와 두꺼비' 시리즈[6]가 번역 출간됐다. 먼저 번역한 건 '개구리와 두꺼비' 시리즈였는데, 《깃털 없는 기러기 보르카》가 먼저 출간되었다. 그 뒤로 여기저기서 번역 의뢰가 오기 시작했다. 자연스럽게 번역 일이 계속 이어진 거다. 일본 유학 다녀와서는 일본 그림책 번역도 자연스럽게 맡게 되었고. 그림책, 에세이 합치면 일본 책만 한 50권 넘게 번역한 것 같다. 내가 독문과를 나왔는데 오히려 독일어 번역 책이 별로 없다. 영어 번역이 제일 많고 그다음이 일본어, 독일어 순서다.

번역한 그림책 가운데 훌륭한 작품이 정말 많다. 그중에서도 먼저 《내 고양이는 말이야》[7]를 이야기하고 싶다. 어떻게 이 작품을 번역하게 되었나?

교토 에키 미술관에 갔다가 미로코 마치코의 전시를 보게 되었다. 미로코 마치코는 미술을 전공한 작가는 아닌데, 아동연극을 한 적이 있더라. 설치 작품들이 좋았고, 수없이 많은 드로잉이 전시되어 있었는데 마음에 뭔가 훅 다가오는 게 있어서 전시장에 있는, 우리나라에 번역 안 된 책을 다 구입했다. 그중 한 권이 《내 고양이는 말이야》이다. 이후 그림책 번역 강의에서 이 책을 소개했다가 길벗스쿨의 편집자가 보고 출간으로 이어졌다.

미야자와 겐지의 시를 텍스트로 한 《비에도 지지 않고》[8], 발상과 구성이 인상적인 《눈 깜짝할 사이》[9]도 번역 출간 후 화제가 된 그림책이다.

두 책 모두 일종의 해설이 필요해서 나에게 번역 의뢰가 온 것 같다. 특히 《눈 깜짝할 사이》는 실은 나도 처음에 충격을 받았다. 우리 인생을 몇 장면으로 너무나 잘 표현한 것 같아서. 짧은 단어 몇 개로만 이루어진 글도 놀라웠고.

짐작이지만, 《이름 없는 나라에서 온 스케치》[10]를 읽으며 이 책은 번역하기 참 어려웠겠다고 생각했다.

이 책은 숀 탠이 《도착》[11]이라는 그림책을 어떻게 만들었는지를 보여주는, 창작 방법론이 담긴 책이다. 일종의 기록물이기도 하고. 《도착》은 그림책으로 인류사, 인명사를 다룬다. '이주' '난민' 이야기를 '도착'이라는 관점으로 새롭게 풀어낸 이야기다. 대단한 작가고, 멋진 작품이라고 생각한다. 그렇다보니 정말 조심스러웠다. 최대한 의역하지 않고 작가의 문장을 옮기고 싶었다. 그런데 작가 문체가 간결한 편은 아니었다. 원래 문장도 빽빽한데 내가 번역한 문장도 매끄럽지 않은 거다. 일본에서 출간된 번역본하고도 비교했는데 별로 도움이 안 됐다.

계속 숀 탠의 작품에 대해 이야기하게 되는 것 같기도 하지만, 《잃어버린 것》도 언급하고 싶다. 2000년대 초반에 출간되던 그림책에서는 볼 수 없었던 건조하고 어른스러운 문체가 인상 깊었다.

《잃어버린 것》은 사실 어른을 위한 그림책이라고 봐야 한다. 그런데 당시는 어른이 그림책을 읽는다는 개념이 없었기 때문에 '초등학생이 보는 그림책'[12]이라는 시리즈로 나왔다. 성인 책을 어린이책처럼 번역해야 했던 거다. 지금은 이야기꽃 출판사 대표인 김장성 주간이 당시 편집자여서, 문장에 대한 이야기를 많이 나눴다. "나는 한동안 그것을 바라보았어. 내 말은, 그것이 정말로 기묘한 모습이었다는 거야"라는 문장이 전반부에 나오는데, 어린이책이라고만 생각했다면 '그것'이라거나 '기묘한' 등을 다른 표현으로 바꿨을 거다. 하지만 작가의 의도를 생각해 그대로 두었다.

최근에는 이탈리아 그림책도 번역했다.

이탈리아어는 하루에 한두 시간 정도 1년쯤 공부했다. 볼로냐에 가서 커피 주문할 때 이탈리아어로 주문해봐야지 하면서. 그 뒤에 나무말미 출판사에 놀러갔다가 이 얘기를 했더니 마침 이탈리아 그림책을 출간하게 되었다고 번역해볼 생각은 없냐고 하더라. 처음에는 '해도 되나?' 하는 생각도 들었는데, 이탈리아어와 영어 자료를 같이 받고 보니 서로 뉘앙스가 좀 다른 걸 볼 수 있어서 재미있었다. 그렇게 번역한 책이 바로 다비드 칼리의 《작가》[13]이다. 이후로 사랑하는 작가 다비드 칼리의 책을 여러 권 번역하게 되었다.

"그림책 번역자에게는
그림을 읽는 눈이 필요하다"

번역은 단순히 유창한 해석이라고 오해받기도 한다. 좋은 번역이란 과연 어떤 걸까?

글쎄. 좋은 번역이 뭔지는 나도 모르겠다. 그보다는 번역자의 태도에 대해 말하고 싶다. 번역자는 자신을 통해서 작가의 목소리를 독자에게 들려주는 사람이다. 독자가 이 문장을 어떻게 읽어야 작가의 말을 가장 잘 이해할까를 고민하는 거다. '번역자는 제2의 작가다'라는 말이 있다고 해서 번역자가 마음대로 써도 된다는 뜻은 아니다. '나는 작가가 아니라 작가의 말을 전달하는 전달자다' 하는 겸손한 태도가 필요하다. 이게 안 되면, 자기 작품을 써야 한다.

그림책 번역 방법이 궁금하다.

먼저 책을 전체적으로 여러 번 읽어서 그 작품을 이해하고자 한다. 작가의 특징이나 의도를 파악하는 게 중요해서, 작가의 다른 번역서가 있으면 그걸 찾아서 읽어볼 때도 있다. 그런 다음에 화자의 화법을 정한다. 화법에 따라 독자가 받는 느낌이 달라질 테니까. 그러고 나서 본격적으로 번역을 시작한다. 먼저 그림을 보고 글을 읽은 다음, 글을 읽고 다시 그림을 보는 방식으로 왔다 갔다 하면서 번역을 진행한다.

그림을 먼저 보고, 글을 다음 순서로 보면서 번역을 진행하는 이유가 있을까?

그림책은 두 가지 언어로 이루어져 있다. 그림 언어와 문자 언어. 그림책은 문자 언어를 읽는 데 그치지 않고 그림 언어를 계속 읽어야만 작가의 의도를 전체적으로 파악할 수 있다. 그림을 먼저 보면서 이게 무슨 내용일까 한번 생각하는, 그림을 읽는 행위가 선행되어야 하는 이유다. 글을 읽기 시작하면 그림이 안 보이니까. 다른 말로 하자면 그림책 번역자에게는 그림을 읽는 눈이 필요하다.

그림을 읽는 눈이라는 개념을 구체적으로 설명해달라.

동화는 글로 모든 이야기를 전달한다. 비약이나 생략이 없다. 그런데 그림책은 글이 짧고, 그림이 전달하는 내용도 많은지라 비약과 생략이 많다. 그림을 제대로 읽지 않으면 내용이 모호해지는 거다. 또 그림에 맞게 문장을 번역해야 하는 경우도 생긴다. 번역한 책 중에 《평화 책》[14]이라는 그림책이 있는데, "평화는 신발이 없는 사람에게 신발을 주는 거야."라는 글이 나온다. 그런데 그림을 보면 사람 대신 발이 굉장히 많은 벌레가 그려져 있다. 그래서 '사람'을 '누군가'로 바꿔서 번역했다. 최근 번역 강의를 하면서, 수강생들에게 그림책을 그림 없이 글만 보여주고 번역하게끔 했다. 그런 다음 그림을 보여줬더니 번역이 완전히 달라졌다.

전체적으로 그림을 보면서 그 그림과 가장 어울리는 단어들을 찾는 능력이라고 생각할 수 있겠다.

창비의 '우리시그림책' 시리즈의 경우, 똑같은 시라도 어떤 그림 작가가 그리느냐에 따라서 결과물이 완전히 달라졌을 거다. 글 원고가 있는 상태에서 그림을 그릴 경우, 그림 자체가 그 글에 대한 해석이 되니까. 그런데 번역은 그림책이 출간된 상태에서 이루어진다. 그림 작가가 글을 읽고 자신의 해석을 이미지로 표현해 책을 완성하면, 번역자는 그 반대로 하는 거다.

번역자는 그림의 해석을 통해서 적합한 문장이나 단어를 찾는다고 보면 될까?

맞다. 때로는 먼저 그림을 하나하나 해석해가면서 전체 글 원고를 파악할 때도 있다. 미로코 마치코의 《짐승의 냄새가 난다》[15]는 그림을 읽어가면서 번역을 한 대표적인 그림책이다. 원문에는 사전에 없는 단어가 많이 나왔다. 우선 전체 문장을 번역한 다음, 작가에게 이 단어들이 무슨 뜻이냐 물었더니 그냥 떠오르는 단어를 썼기 때문에 뭐라고 얘기할 수 없다고 하더라. 근데 내가 보기에는 사전에는 없지만 일본 사람들이 들으면 떠오르는 이미지가 있을 것 같았다. 어감이라든지. 하지만 우리 정서와는 다른. 결국은 내가 그림으로 보고 느끼며 그 단어들의 의미를 끄집어낼 수밖에 없었다. 여태까지 했던 번역 중에 제일 어려웠다.

문체는 어떻게 정하나?

우리말은 '했어요'와 '했다' '했습니다' 모두 느낌이 완전히 다르다. 그래서 문체는 고민을 많이 한다. 일본어는 뉘앙스를 최대한 가깝게 표현할 수 있어 고민이 덜하다. 영어는 우리말과 뉘앙스가 굉장히 다르기 때문에 상대적으로 문체에 대해 더 고민하게 된다. 원문은 3인칭 시점이지만 1인칭으로 썼다면 훨씬 더 좋았을 텐데 하는 아쉬움이 드는 책도 있었다.

그런 경우, 문체나 시점을 바꿔 번역하기도 하나?

되도록 바꾸지 않는다. 독자가 아주 어리다든가, 문화적 배경이 아주 달라서 그대로 번역하면 이해할 수 없다든가 하는 특별한 경우가 아니면, 되도록 작가의 문체가 드러나도록 하는 게 좋다고 생각한다. 최근에는 3인칭을 1인칭으로 바꾸어 번역한 적이 있다. 외국 이름이 너무 많이 나왔는데, 1인칭으로 바꾸면 독자가 내용에 더 집중할 수 있기 때문이다.

중의적으로 해석될 여지가 있는 단어나 문장은 어떻게 하나?

번역은 선택이라고 할 수밖에 없다. 아기 돼지 삼 형제 이야기를 번역한 적이 있는데, 원문에는 엄마 돼지가 자식들에게 '포천(fortune)'을 찾아 떠나라고 되어 있었다. 'fortune'에는 미래, 재산, 운이라는 뜻이 있는데, 번역자에 따라 미래라고도 옮길 수 있고, 운이라고도 옮길 수 있다. 작품 전체를 살펴보고, 가장 적당한 단어를 선택할 수밖에 없는 거다. 백희나 작가의 그림책《알사탕》[16]에는 나뭇잎이 떨어지면서 "안녕, 안녕……" 하는 장면이 있다. 우리말에서는 안녕을 만날 때와 헤어질 때 다 사용하지 않나. 그런데 일본어 번역을 보니까 "바이, 바이……"로 되어 있었다. 번역자가 두 단어 중 하나를 선택한 거다.

그림책을 번역할 때 어린이 독자를 특별히 염두에 두나?

예를 들면 "토끼 행복공원에 갔더니 토끼가 많았어."라는 문장이라면 "토끼 천지야."라고 번역할 수도 있고 "토끼 세상이야."라고 번역할 수도 있다. 둘 중 요즘 어린이들이 쓰는 말과 더 비슷한 단어로 선택한다. 그러니까 독자가 누구인지를 생각하고 그에 맞는 단어를 찾아가보는 거다. 어린이 그림책의 경우, 어떤 면에서는 젊은 편집자, 혹은 어린이를 양육 중인 편집자가 방향을 더 잘 잡아줄 수 있다. 하지만 어린이가 독자라는 이유로 이해하기 쉽게 마음대로 글을 고치지는 않는다.

어린이 그림책의 경우 과도하게 문장을 바꾸거나 의역하는 편집자나 번역자도 있다. 원문에 없는 의성어, 의태어를 많이 집어넣는 방

식으로 고치는 거다.

우리에게는 그럴 권리가 없다고 생각한다. 그런데 내 생각과는 달리 그럴 권리가 있다고 생각하는 번역자나 편집자도 가끔 만난다. 한번은 번역을 했는데, 편집자로부터 글줄을 늘려달라는 요청이 왔다. 글이 너무 짧다는 거다. "그건 창작이지 번역이 아니죠."라고 했다. 정 그렇게 글을 늘리겠다면 내 이름으로 내지 말라고 했다. 그때 진짜 놀랐다. 그림은 마음대로 바꾸지 않으면서 글을 바꾸는 건 왜 그렇게 쉽게 생각하는지…… 아까 겸손한 태도가 필요하다고 했는데, 의역을 하면 독자가 이해하기는 편할지 모르지만 번역자의 의도가 작품에 개입되었다고도 볼 수 있다. 어쩌면 작가를 제대로 이해하는 데 방해가 될 수도 있고.

하지만 어린이 독자가 이해할 수 있도록 불가피하게 문장이나 단어를 바꾼 사례도 있었을 것 같다.

작가가 쓴 그대로 옮겼을 때 우리나라 독자들은 이해할 수 없는 문장이나, 우리말로 옮기고 나면 아무 의미가 없어지는 문장인 경우에 한해 바꾼다. 딕 킹 스미스가 쓴 '소피의 성장동화' 시리즈[17]에서 '수두(chickenpox)'라는 단어가 나왔다. "나는 닭(chicken) 옆에도 가지 않았는데 왜 수두(chickenpox)에 걸렸지?" 하는 말놀이였는데, 원문 그대로 옮기면 사실 우리나라 독자는 이해할 수 없지 않나. 그래서 말놀이가 되도록 단어를 바꾸었다. "나는 수도 옆에 가지 않았는데 왜 수두가 걸렸지?" 하는 식으로. 이렇게 불가피한 경우가 아니라면, 단어를 마음대로 바꾸는 건 번역이 아니라 재창작이라고 생각한다.

좋은 그림책이나 작가를 발굴하고 소개하는 것이 번역가의 일이기도 하다. 어떤 기준으로 책을 고르고 추천하나?

재미있는 책을 좋아한다. 아놀드 로벨, 모리스 샌닥, 사사메야 유키[18] 등의 몇몇 작품은 내가 소개하고 번역했는데, 독자들이 꾸준히 사랑해주셔서 기쁘다. 하지만 요즘은 출판사에 부담을 줄까봐 소개를 잘 안 한다. 좋아하는 작품이 여러 편 있는데, 몇 번 소개했다가 "작품은 좋은데 우리 출판사에서 내기에는 좀……" 하는 말을 듣곤 했다. 그러다가 어디선가 출간되면, 소개할걸 그랬나 아쉬워하기도 한다. 기회가 되면 자연스럽게 갖고 있는 책들을 소개하려 한다.

"맘에 드는 그림책은 글을 번역해서 간직했는데, 내겐 사랑의 편지 같은 거다"

번역가로 알려져 있지만 사실 편집자로 일한 지는 더 오래되었다. 1984년부터 책을 만들었고 1987년부터 어린이책 편집을 했다.

편집자로 일한 지 올해로 딱 40년이다. 책 만드는 사람으로 시작해 점차 일의 범위가 넓어졌다.

어린 시절 보았던 한 드라마에서 주인공이 출판사를 다녔는데, 손을 호호 불면서 도시락을 난로 위에 데워 먹을 정도로 환경이 열악했다. 40년 전 출판사는 어떤 모습이었나?

처음 입사한 출판사는 그 드라마에 나오는 모습과 비슷했다. 신수동에 있는 회사였는데 그렇게 열악한 곳인지 모르고 들어갔다. 한강이 범람하면 창고에 물이 찼고, 겨울에 동상에 걸린 적도 있다. 앉아서 일을 하니 약간 춥다고만 생각했는데 나중에 봄이 되니까 발이 엄청 간지럽더라. 월급도 너무 적어서, 수습일 때 5만 원을 받았다. 부모님이 싫어하셨다. 동상 걸리는 직장이니 그러실 만했다 싶다. 모교에서 독일어 교사로 오라고 했는데, 내가 거절하고 안 갔기 때문에 더 그러셨을 거 같다. 2년을 일하고 웅진 출판사로 옮겼는데, 근무 환경이 딴판으로 아주 좋았다. 좋은 책상에 좋은 컴퓨터도 있고 자료실에 책도 많고. 월급도 30만 원인지 그랬다. 아무튼 꽤 많이 올랐다. 좋은 출판사였기 때문에 8년이나 다닐 수 있었다. 지금의 나를 만든 출판사다.

그때부터 어린이책을 만들기 시작했나?

어린이잡지부터 시작했다. 1987년에 입사해서 《어린이 웅진아이큐》[19]라는 월간 어린이잡지를 60권쯤 만들었다. 그런데 회사 자료실에 그림책이 많았다. 틈나는 대로 자료실에 가서 그림책을 보다가 좋아하게 됐다. 종종 주변에 있는 영국 문화원, 프랑스 문화원, 독일 문화원에 가서도 그림책을 읽어보곤 했다. 맘에 드는 그림책은 글을 번역해서 간직했는데, 지금도 그 자료를 갖고 있다. 내겐 사랑의 편지 같은 거다.

지금은 우리나라 창작 그림책의 위상이 높아졌지만 당시는 단행본으로 창작 그림책이 출간되기 전이다. 완성도 높은 외국 그림책들이 우리나라에 소개되기 시작했던 시기로 알고 있다. 그림책 관련 이론이나 배경 지식을 갖춘 편집자, 창작자도 전무했을 것 같다.

맞다. 그래서 스스로 모여 그림책 공부를 했다. 웅진은 다른 회사보다 조금 빨리 격주 휴무제를 도입했는데, 출근하는 토요일이면 편집부, 디자인부, 사진부가 다 같이 모여서 그림책 공부를 했다. 사실 일은 같이 하나 사진 하는 사람, 디자인하는 사람, 편집하는 사람의 시각이 같을 수가 없지 않나. 편집자는 아무래도 글 중심으로 생각하게 되는데 디자인은 시각적으로 접근할 테고. 근데 그림책을 같이 공부하니까 일할 때 부딪혔던 서로의 관점을 존중하게 되더라. 이후에 《꿀밤나무》[20]라는 동인지를 만들 때도 비슷한 기분이었다.

내가 그림책 편집을 시작했던 2000년대만 해도 그림책 출판에 종사하는 사람 중 《꿀밤나무》를 모르는 사람이 없었다. 그림책이 무엇인지 공부할 수 있는 첫 단추 같은 동인지다. 어떻게 시작하게 됐나?

처음에는 그림책 읽기 모임이었다. 같이 그림책 공부를 하다가, 맨날 공부만 하면 뭐 하나, 동인지를 한번 내보자 한 거다. 마침 그 모임에 디자이너, 편집자, 작가 등 책을 만들 수 있는 사람이 다 있었다. 지금도 다 활동하고 있는 이들이다. 옛날 사람들이지만, 1999년에는 우리도 젊었다. 동인지 이름을 고민하다가 "커다란 꿀밤나무 아래서 그대하고 나하고" 하는 노래가 생각나서 따왔다. 그러고 보니, '꿀밤나무'라는 이름은 내가 제안한 거다. 글을 쓰면 다 같이 읽고 토론도 하면서, 어떻게 보면 되게 자유로운 분위기에서 만들었다. 1999년 1월에 첫 호가 나왔다.

동인들은 어떻게 만났나?

중심은 웅진 출판사를 다녔던 사람들이다. 허은미 작가와 나는 같은 팀에서 일을 했고, 이은영, 문승현 디자이너는 웅진에서 일하다가 프리랜서로 전향해서 '여백'이라는 디자인실을 차렸던 때다. 이형진 작가도 웅진에서 디자이너로 일하다 한창 그림작가로 명성을 얻던 때였고. 막 에너지 넘치고 뭔가 해보고 싶고 그런 상황에서 시작했다. 오래 하자, 한 10년 하자 그랬는데 4년 동안 10호를 내고 그만뒀다. 《꿀밤나무》에 처음 실었던 글이 《강아지똥》 서평이었는데 그걸 계기로 창비에서 책을 출간하기도 했다.

운영은 어떻게 했나?

내용은 동인들이 글을 쓰거나 국내 작가를 인터뷰하거나 해외에서 출간된 그림책 논문 같은 걸 번역해 채웠다. 디자인이며 편집이며 우리가 직접 했기 때문에 인쇄비와 종잇값, 배송료 말고는 따로 돈이 안 들었고. 회비를 받아가지고 제작비랑 배송비를 충당했다. 내 생각에 숨은 공로자는 허은미 작가다. 배송 같은 일을 허은미 작가가 거의 다 했다. 눈에 보이지 않지만 사실 가장 중요한 일이다. 책은 독자에게 가 닿아야 되니까.

어느 디자이너, 작가의 작업실에나 반드시 꽂혀 있던 책이 《꿀밤나무》 합본이었다.

합본은 사실 우리가 한 건 아니다. 이후에 아마 필요한 분들이 하셨던 것 같다. 당시의 자료가 사라져버려 다시 찍을 수도 없고, 책자도 이제 이제는 한 부씩밖에 안 남아 있다. 이런 점은 좀 아쉽다.

일본 바이카여자대학교에서 아동문학과 그림책을 공부했다. 그 시절 이야기도 듣고 싶다.

아무래도 편집자였기 때문에 그림책답다는 것은 무엇일까, 이런 쪽에 관심이 많았다. 그림책을 만드는 구성 요소가 무엇인가, 그림책 글은 일반적인 글하고 뭐가 다른가 등의 지점들. 그런데 이론 공부가 부족해서 일본에 가게 됐다. 그림책 이론과 그림책 분석 방법 등을 공부했고, 학부에서 하는 그림책 강의, 대학원의 그림책 세미나, 대학원생과 그림책 활동가들과 함께 하는 세미나에 고루 참여했다. 하지만 일본에서도 사실 그림책 하면 그림책 역사 연구에 많이 치중되어 있더라. 일본 그림책의 역사나 번역의 역사 연구 등.

일본에서 본 그림책과 당시의 우리나라 창작 그림책은 어떻게 달랐나?

유학하던 시절에는 일본이 우리나라보다 그림책 작가도 훨씬 많고 그림책 잡지도 많았다. 그림책을 소재로 다루는 잡지뿐 아니라 한 달에 한 권 그림책을 출간하는 방식의 잡지도 있었다. 후쿠인칸쇼텐의 《월간 그림책》이 대표적이다. 그러니까 일본의 거대한 그림책 시장은 그냥 형성된 게 아니라 이런 식의 투자라는 게 계속 있었던 거다. 당시에는 한국 그림책에 대한 관심도 높아서 2005년 《북엔드(BOOKEND)》라는 잡지 3호에 '한국의 그림책이 뜨겁다(韓国の絵本が熱い!)'라는 특집 기사가 실리기도 했다. 이억배, 이호백[21] 작가가 글을 기고한 게 생각난다. 또, 지금은 사라진 오사카 국제아동문학관에서 2006년 '한국과 일본의 그림책(韓国と日本の絵本)'이란 타이틀로 그림책 심포지엄이 열리고, 다시마 세이조[22] 작가와 정승각 작가가 자신의 작품에 대해 발표했다. 이 심포지엄을 기념하여 자료집을 냈는데, 여기에 나도 '한국 옛이야기 그림책의 재화 유형과 시각

표현'에 대한 글을 발표했다. 자료집은 일본어, 한국어, 영어로 되어 있는데, 아마 정승각 작가도 이 자료집 갖고 있을 거다.

"그림책에서 어린이의 자리는 없어지는 게 아니라 더 중요해질 것 같다"

편집자, 번역가, 작가, 연구가로서 40년 동안 우리나라 그림책의 역사를 가까이에서 지켜봤다. 가장 큰 변화를 꼽자면 무엇일까?

1988년부터 출간된 창작 그림책들은 그림책 이론을 바탕으로 만들었다기보다는 회화에서 출발됐다. 좋은 그림을 그림책을 통해 어린이들에게 보여준다는 느낌이다. 또 거대 서사, 즉 민족 서사를 바탕으로 《백두산 이야기》[23] 같은 그림책을 만들었다. 그림책에 나타나는 어린이 이미지를 한번 쭉 훑어본 적이 있는데 초기에는 어린이가 그림에 등장하지 않는다. 주제 의식이 더 중요하니까. 어린이 그림책의 그림에 어린이가 등장한 건 1995년에 출간된 이억배 작가의 《솔이의 추석 이야기》, 권윤덕 작가의 《만희네 집》부터다. 어린이가 이해하기 쉽도록 그림에 어린이가 직접 등장해서 이야기를 이끌어준다. 최근에는 어린이의 삶에 밀착된 그림책들도 많지만 '어린이 그림책'에서 어린이를 뺀 '그림책'이라는 개념으로 방향이 전환되고 있다. 그러니까 사실 40년 사이에 굉장히 큰 변화가 있었던 거다. 40년 전 그림책에 어린이가 없었던 것과 지금 그림책에 어린이가 없는 건 완전히 다른 의미니까.

그림책에서 어린이의 자리가 사라지고 있다는 우려 섞인 목소리도 있다.

실제 어린이가 적어지고 있다. 따라서 어린이를 위한 책들이 적어질 수는 있다. 하지만 사라지진 않을 거다. 우리 모두 한때는 어린이였고, 지금도 내면에 어린이의 마음이 있으니까. 어린이 책이든 그림책이든 결국 의사소통을 하려고 만드는 거고, 문학 작품을 읽어야 하는 이유도 결국 나 자신과 남을, 자연과 사회, 나아가 우주를 이해하기 위해서라고 생각한다. 그런데 어린이를 이해할 수 있는 방법이 사실 그렇게 많지 않다. 나는 어린이 책을 통해서 어린이를 이해할 수 있고, 어린이와 어른이 서로 대화하고 의사소통하는 법을 알 수 있다고 생각한다. 예술이 하는 역할이 그거니까. 이렇게 생각하면 그림책에서 어린이의 자리는 없어지는 게 아니라 더 중요해질 것 같다. 게다가 그림책은 수용할 수 있는 범위가 더 넓다. 아이의 세계를 그릴 수도 있고 어른의 세계, 노인의 세계를 그릴 수도 있다. 만드는 건 7년씩 걸리지만 10분이면 끝까지 읽을 수 있고. 내가 보기에 그림책 독자는 점점 더 많아질 거다.

어린이 독자를 특별히 의식하고 그림책을 만들어야 한다고 생각하나?

작가는 그냥 자기가 내고 싶은 책을 내면 된다. 작가가 어린이 세계를 그리고 싶다면 그렇게 가는 거다. 내가 왜 '개구리와 두꺼비' 시리즈 같은 이야기가 번역하기 쉬웠을까 돌이켜 생각해 보면, 어린이도 읽을 수 있지만 어른들 이야기라고도 할 수 있어서였던 것 같다. 서로 친한 친구들 이야기니까. 내가 만약 글을 쓴다면 그런 글을 쓰고 싶다. 내가 만든 작품으로 어린이와 의사소통을 할 수 있다면 좋겠다. 최근 본 그림책 중에 허은미 작가가 쓴 《파란 대문을 열면》을 보고 비슷한 생각을 했다. 사실 지금 어린이들의 이야기는 아니다. 우리 세대의 어린 시절 이야기지. 하지만 요즘 어린이들의 감성으로도 이해할 수 있게 참 잘 썼다. 데브 필키가 쓰고 그린 《새벽을 배달하는 소년》[24]은 최근에 번역한 작품인데, 신문 배달하는 소년 이야기다. 요즘은 이렇게 신문 배달하는 아이가 없지만, 다른 시간과 공간을 떠올릴 수 있는 좋은 작품이었다.

그림책으로 어린이와 의사소통을 하려면 어린이의 세계를 그림책에 어떤 식으로 담아야 할까?

사노 요코가 이런 말을 했다. 《하지만 하지만 할머니》의 주인공이 할머니인 이유는 할머니야말로 가장 어린이다운 점을 가지고 있기 때문이라고. 세대 간의 공감, 문화적 공감이 그림책 안에서 일어난다. 지금 고민해야 되는 건, 다양한 문화와 민족이 여럿이 어울려 살아가는 모습을 그림책에 어떻게 담아야 하는가이다. 영미권 그림책을 보면 이미 등장인물의 얼굴 색깔이 굉장히 다양하다. 근데 우리는 아직 그렇게 안 하는 것 같다. 좀더 다양성에 관심을 가져야 한다.

그림책이 전 세대를 아우르는 이해의 도구라고 한다면, 우리가 해야 할 일은 더 넓게 현재의 어린이 세계를 포용하는 것이라고 받아들이면 될까?

그렇다. 도서관에 가면 다문화 가정 아이들을 볼 수 있다. 아이가 다른 아이들과 어울리지 못하고, 심지어 다른 부모들이 그 아이랑 못 놀게 한다는 얘기도 들었다. 부모가 바뀌어야 한다. 대구에 있는 초등학교에서 아이들과 그림책을 같이 읽은 적이 있는데, 다문화에 대한 책이었다. 그런데 다문화라는 말 자체가 굉장히 안 좋은 뉘앙스로 쓰이고 있다보니, 아이들이 다문화라는 말을 아예 안 쓰더라. "어떤 언니가 나를 잘 챙겨줬어요." 그냥 이렇게 말한다. 아이들보다 어른들이 훨씬 더 편견을 갖고 있구나 깨달았다. 다 사실 똑같이 소중한 아이들이고, 피부색이 어떻든 우리 동네에 아이들이 자란다는 것만으로도 기뻐해야 하는데. 씁쓸하다.

그림책 창작자들이나 출판 관계자들 사이에서는 어느 정도 공감대가 형성되어 있는 지점이다. 그런데 시장의 요구는 조금 다르다는 생각도 든다.

어떤 분이 들려준 이야기가 떠오른다. 《강아지똥》을 독자들에게 읽어줬는데 한 부모가 "난 우리 애한테 이런 걸 읽어주고 싶지 않다. 남한테 똥이 되는, 남한테 희생하는 내용의 책이니까."라고 해서 대답할 말이 없었다는 거다. 사실《강아지똥》에서 이야기하는 건 희생이 아니라 사랑이고, 가치 있는 삶을 살고 싶은 바람이다. 가만히 생각해보면 부모가 아이에게 강아지똥 같은 역할을 하고 있기도 하고. 삶은 순환이다. 어떨 때는 내가 똥이 될 수도 있고 어떨 때는 꽃이 될 수도 있고. 부모가 아이들의 생각을 더 좁게 만드는 것 같다. 그림책이 어른부터 아이까지 모두 읽는 책이라는 점을 생각한다면 오히려 평화에 대한 책, 서로 존중하고 이해하도록 돕는 책, 다양성을 일깨우는 책, 그런 책들이 더 많이 나와야 되지 않을까.

"그림책은 나의 단짝친구"

그림책을 정말 많이 읽는다고 알려져 있다. 한 달에 몇 권 정도 읽나?

글쎄, 세지는 않는다. 2022년도 《한국그림책연감》[25]에 글을 쓰면서 보니까 우리나라 창작 그림책이 그해 580권 정도 출간되었더라. 그중 절반 이상이 이미 읽은 책이었다. 번역 그림책도 출간되는 책의 절반은 읽고 있지 않나 싶다. 그림책을 좋아하는 데다가 접근성이 편해서 많이 읽게 된다. 하루에 한두 권은 읽는다.

그림책 글도 꾸준히 쓰고 있다. 글을 쓰게 된 계기가 있을까?

특별히 꼭 뭘 써야겠다, 써보고 싶다는 생각은 별로 한 적이 없다. 대부분 "해보지 않을래?"라는 말을 듣고 쓰기 시작했던 것 같다. 처음 쓴 그림책은 '통통이와 친구들' 시리즈[26]인데, 이것도 내가 어느 정도 글을 쓸 수 있다는 걸 알고 출판사에서 먼저 제안을 해서 쓰게 됐다. 3~5세 정도 아이, 먹기 좋아하고 놀기 좋아하고 뭐 하다보면 깜빡하고, 그러니까 약간 나 같은 사람을 주인공으로 쓴 이야기다. 그때 한창 동물이 주인공인 이야기에 빠져 있어서, 사람을 돼지로 바꿨다. 돼지여서 좀 인기가 없었던 것 같다. '통통이'라는 이름이 먼저 떠올랐고, '통통하니까 돼지 어때?' 하고 단순하게 생각했는데, 나중에 조카를 보니까 돼지띠라는 것만으로도 싫어하더라. 토끼띠가 되고 싶다고 하고. 아이들이 좋아하는 동물을 주인공으로 썼어야 된다는 걸 너무 늦게 알았다. 그래도 언젠가 그림책 강연을 갔는데, '통통이와 친구들' 팬이었다는 중학생들을 만났다. 이 책을 아주 좋아했다고 해서 기뻤다.

처음 그림책 글을 썼을 때가 기억난다. 장면을 떠올리며 글을 쓴다는 게 생각보다 어려웠다.

누구여도 어려울 것이다. 장면을 보고 글을 쓰거나 말을 하는 것도 생각보다 쉽지 않으니까. 한 사람이 사진을 보고 설명하고 나머지 사람들은 그 설명만 듣고 그림을 그리는 워크숍을 한 적이 있다. 정확하게 이미지의 특징을 전달하기도 어렵고 그림으로 그리는 건 더 어렵더라. 그림 작가들이 시각적인 훈련은 많이 돼 있지만 글을 읽고 해석해 이미지화하는 건 굉장히 어려워한다. 그런데 글 작가는 이미지가 없는 상태에서 글을 쓰는 거니까 더 어렵다. 또 글이 너무 많으면 그림 작가 영역이 없어지고, 글이 너무 적으면 그림 작가가 해석할 수 있는 텍스트가 부족하니까 뭘 해야 될지 고민되고. 결국 글을 먼저 완성하고, 그림을 그리고 나면 다시 그림에 맞춰서 다시 쓰고, 이렇게 두 번 쓰게 되지 않나? 장면이 들어가는 건 다 그렇더라.

그림책이라는 형식 안에서도 번역, 편집, 집필은 각각 다른 능력을 요구하는 일 같다. 문장을 번역하는 일과 집필하는 일은 어떻게 다른가? 어느 쪽이 더 재미있거나 어려운가?

번역은 그림책의 글을 우리말로 바꾸는 작업이고, 편집은 전체 책의 꼴을 상상하면서 작가의 동반자가 되는 작업이라고 생각한다. 그림 작가나 글 작가가 전체 꼴을 상상하기 어려울 때, 편집자가 감독 같은 역할을 하지 않을까 싶다. 집필은 책의 꼴을 상정하고 이미지의 여백을 염두에 두고 글을 쓰는 일인데, 그림책에 대해 잘 알아야 좋은 글이 나온다. 번역이 가장 쉽고, 그다음에 집필. 편집이 가장 어렵다고 생각한다. 편집자는 글 작가, 그림 작가, 디자이너와 의사소통을 하며 작업 전체를 아울러야 하니까.

한 매체와의 인터뷰에서, "그림책이 일, 밥, 취향, 특기"라고 표현했다. 이렇게 그림책과 일체된 삶을 살게 된 계기가 있었을까?

어릴 때는 만화와 동화책을 좋아했고, 그러다가 편집자가 되었고, 지금까지도 영화와 그림책을 계속 보고 있다. 이미지와 이야기를 좋아하다보니 이렇게 된 게 아닌가 싶다. 그림책은 나의 단짝친구와 같다. 내 생활은 그림책에서 시작해서 그림책으로 마무리된다. 날마다 그림책을 읽고, 그림책 번역을 하고, 그림책 강연을 하니까. 가끔 그림책 연구를 할 때도 있고. 작년부터 그림책협회의 의뢰를 받아 젊은 그림책 작가들을 인터뷰하며 작은 세미나도 진행하고 있다.

책을 좋아하는 어린이였나?

책벌레였다고 할 수 있다. 손에 들어오는 책은 다 읽었으니까. 우리가 어렸을 때만 해도 학교 주변에 도서관이 없었다. 그런데 동네 친구 중에 집에 책이 많은 아이가 있었다. 알고 보니 아버지가 출판사 편집자더라. 나는 책을 좋아했기 때문에 친구네 집에 있는 많은 책들을 보면서 편집자가 뭔지도 모르고 동경했다. 나중에 신수동의 출판사를 다니면서 '내가 왜 편집자가 됐지? 이렇게 발에 동상까지 걸리면서' 하고 생각해보니 친구 아버지가 떠올랐다. 그러니까 어렸을 때부터 출판사 편집자라는 직업이 있다는 걸 알았던 거다. 그 직업이 그렇게 춥고 배고플 줄은 몰랐지만.

그림책의 매력은 무엇일까?

단순함 아닐까? 짧고 단순한 내용 속에 작가가 자신의 메시지를 담을 수 있으니 이보다 좋을 수 없는 거 같았다. 시하고 가장 비슷한 장르 같다.

그림책으로서 가장 훌륭하다고 생각하는 단 한 권의 책을 소개한다면?

단 한 권의 책을 꼽으라고 하니 어렵다. 내게 소중한 그림책들은 소개할 수 있다. 《깃털 없는 기러기 보르카》와 《플로리안과 트랙터 막스》[27] 《개구리와 두꺼비는 친구》. 이 책들을 번역하게 되면서 계속 그림책 일을 할 수 있게 됐다. 또, 일본에서 그림책을 공부하다가 발견해서 소개한 테지마 케이자부로오의 《섬수리 부엉이의 호수》《큰고니의 하늘》[28], 초 신타의 《모두 깜짝》[29]도 무척이나 소중하다. 첫번째 이탈리아어 번역서인 《작가》도 빼놓을 수 없겠다. 그래도 내게 가장 중요한 그림책은 《깃털 없는 기러기 보르카》이다. 처음 번역한 그림책인 데다가, 자기의 상황을 인정하고, 어떻게 남과 공존하며 살아갈 것인가 하는 작가의 질문은 지금도 유효하니까.

마지막으로, 그림책을 사랑하는 독자에게 꼭 남기고 싶은 말이 있을까?

그림책은 아이와 어른이 함께 읽는 책이다. 혼자 읽어도 좋지만, 함께 읽으면 더 좋다. 그림책은 시와 같다. 자전거와 시, 도서관이 우리 삶을 풍요롭게 한다는 말을 어디선가 읽었다. 여기에 그림책도 넣고 싶다. 모두 그림책과 함께 행복하길 바란다.

주석

1. 존 버닝햄(John Burningham) 지음, 《깃털 없는 기러기 보르카》, 비룡소, 1996.
2. 숀 탠(Shaun Tan) 지음, 《잃어버린 것》, 사계절, 2002.
3. 사노 요코(佐野洋子) 지음, 《하지만 하지만 할머니》, 상상스쿨, 2017.
4. 엄혜숙이 번역한 이와사키 치히로(岩崎ちひろ)의 그림책으로는 미디어창비에서 출간된 《눈 오는 날의 생일》(2018), 《비 오는 날 집 보기》(2020), 《아기가 온 날》(2020), 《이웃에 온 아이》(2020), 《작은 새가 온 날》(2020), 《포치가 온 바다》(2020), 《건강해진 날》(2020)이 있다.
5. 엄혜숙이 번역한 에릭 칼(Eric Carle)의 그림책으로는 시공주니어에서 출간된 《심술궂은 무당벌레》(2022), 《아주아주 서툰 방아벌레》(2023), 《아주아주 외로운 개똥벌레》(2023), 《아주아주 조용한 귀뚜라미》(2023), 《작은 고무 오리 열 마리》(2023) 등이 있다.
6. 아놀드 로벨 지음, '개구리과 두꺼비' 시리즈, 비룡소, 1996. 262쪽 참고.
7. 미로코 마치코(ミロコマチコ) 지음, 《내 고양이는 말이야》, 길벗스쿨, 2018.
8. 미야자와 겐지(宮沢賢治) 글, 야마무라 코지(山村浩二) 그림, 《비에도 지지 않고》, 그림책공작소, 2015.
9. 호무라 히로시(穂村弘) 글, 사카이 고마코(酒井駒子) 그림, 《눈 깜짝할 사이》, 길벗스쿨, 2018.
10. 숀 탠 지음, 《이름 없는 나라에서 온 스케치》, 사계절, 2019.
11. 숀 탠 지음, 《도착》, 사계절, 2008. 2007년 볼로냐 라가치 특별상 수상작.
12. 현재는 'Dear 그림책'으로 시리즈명이 바뀌었다.
13. 다비드 칼리(Davide Cali) 글, 모니카 바렌고(Monica Barengo) 그림, 《작가》, 나무말미, 2020.
14. 토드 파(Todd Parr) 지음, 《평화 책》, 평화를품은책, 2016.
15. 미로코 마치코 지음, 《짐승의 냄새가 난다》, 보림, 2019.
16. 백희나 지음, 《알사탕》, 이기섭 디자인, 스토리보울, 2024. 초판은 책읽는곰에서 2017년에 출간.

17. 딕 킹 스미스(Dick King-Smith)의 '소피의 성장동화' 시리즈는 웅진주니어에서 2003~2004년에 걸쳐 총 여섯 권이 엄혜숙의 번역으로 출간되었다.

18. 엄혜숙이 번역한 사사메야 유키(ささめやゆき)의 그림책으로는 《살아 있어》(나카야마 치나쓰〔中山千夏〕글, 보물상자, 2008)와 《우리집에 고양이가 온대》(이시즈 치히로〔石津ちひろ〕글, 길벗어린이, 2024)가 있다.

19. 《어린이 웅진아이큐》는 1987년부터 웅진에서 발행한 어린이 월간지다.

20. 《꿀밤나무》는 1999년부터 2002년까지 발행된 우리나라 최초의 그림책 동인지다. 작가 허은미, 신순재, 이형진, 디자이너 문승현, 이은영과 엄혜숙이 함께 만들었다.

21. 이호백은 우리나라 그림책 작가 1세대이자 어린이책 출판사 재미마주 대표다. 《세상에서 제일 힘센 수탉》(이억배 그림, 재미마주, 1997)을 썼고, 《도대체 그 동안 무슨 일이 일어났을까?》(재미마주, 2000, 2003 《뉴욕타임스》 '올해의 그림책' 선정)를 쓰고 그렸다.

22. 다시마 세이조(田島征三)는 일본의 대표적인 그림책 작가로, 직접 밭을 일구고 염소와 닭을 기르면서 생명력 넘치는 그림책을 발표했다. 대표작으로 《뛰어라 메뚜기》(정근 옮김, 보림, 1996), 《염소 시즈카》(고향옥 옮김, 보림, 2010), 《모기향》(고향옥 옮김, 한림출판사, 2011) 등이 있다.

23. 류재수 작가가 쓰고 그린 《백두산 이야기》(보림, 2009, 출간)는 1988년(초판, 통나무) 출간되면서 국내 창작 그림책의 새 지평을 열었다.

24. 대브 필키(Dav Pilkey), 《새벽을 배달하는 소년》, 우리학교, 2024.

25. 《한국그림책연감》은 원주시 그림책센터에서 2016년부터 발간하고 있는 자료집으로, 전년도에 출간된 국내 창작 그림책을 발행일 순으로 정리해 소개한다.

26. '통통이와 친구들' 시리즈, 박수지 그림, 웅진주니어, 2003, 전3권.

27. 비네테 슈뢰더(Binette Schroeder) 지음, 《플로리안과 트랙터 막스》, 시공주니어, 1996.

28. 테지마 케이자부로오(手島圭三郎) 지음, 《섬수리 부엉이의 호수》(창비, 2008), 《큰고니의 하늘》(창비, 2006).

29. 초 신타(長新太) 지음, 《모두 깜짝》, 창비, 2008.

이야기에 입체적 공간을
설계하는 법

페이퍼 엔지니어 정혜경

◆◆

케플러49 출판사의 정혜경 대표는 팝업북 작가이자 페이퍼 엔지니어, 편집 디자이너이기도 하다. 편집 디자이너로 일하다 2002년 갑자기 독일로 유학을 떠나 카셀 예술대학에서 시각디자인을 공부했고, 2010년부터 2011년까지 동 대학에서 강사로 페이퍼아트를 가르쳤다. 한국으로 돌아와서는 우리나라 최초의 팝업북 전문 출판사 케플러49를 만들었다. 나는 이런 사람을 만나면 궁금해진다. 어떻게 이런 직업을 갖게 되었을까? (아마 그림책의 '글' 작가라는 내 직업도 어떤 이들에게는 궁금한 영역일지 모르겠다.) 또, 어쩌자고 출판사를 차렸을까! (팝업북을 출간해서 과연 먹고살 수 있을까?) 정혜경 대표를 통해 페이퍼 엔지니어라는 조금은 낯설고 매력적인 직업을 독자들에게 잘 소개하고 싶었다. 더불어 작은 그림책 출판사를 운영하는 대표의 마음도. 2023년 여름, 서면 인터뷰를 교환하고, 2024년 1월 대면 인터뷰를 마쳤다. 그 뒤 몇 번의 개인적 만남을 통해 나는 페이퍼 엔지니어링은 공간으로 사유하는 일이며, 페이퍼 엔지니어는 작은 종이 위에 연극 무대를 설계하는 사람이라는 것을 깨달았다. 또한 이렇게 작은 출판사를 운영하는 사람이야말로 보수적이고 무기력한 시장에서 고군분투하는 사람이라는 것을 다시금 보았다. 무엇보다, 모든 것이 디지털화되어가는 이 시대에 그림책, 특히 대부분의 공정이 수작업으로 이루어지는 팝업북을 만드는 그는 무용하고 약한 것을 사랑하는 용감한 사람이었다. 사실 그림책을 만드는 사람들은 다 그와 같을 것이다.

"평면의 종이에 공간을 만들어내는 사람, 평면을 입체로 만들어내는 사람"

어떻게 팝업북에 관심을 갖게 되었나?

어렸을 때는 팝업북을 접할 기회가 없었다. 20대였던 2001년에 《깜짝깜짝! 색깔들》[1]이라는 그림책을 우연히 봤는데, 심장이 두근거렸다. 무용한 것들에 쓸 돈이 없었는데, 꼭 사야 되는 책도 아닌데, 사서 지금까지 가지고 있다. 함께 독일에도 다녀왔고. 지금도 한 번씩 꺼내서 책장을 넘겨본다. 팝업이 엄청 화려하거나 특별하지도 않은데, 생각해보면 참 신기하다.

팝업북이 만들어지는 과정이 궁금하다.

책을 펼쳤을 때 이미지가 입체적 구조물로 튀어나오거나 구조물을 독자가 직접 조작해볼 수 있는 책이 바로 팝업북이다. 책에 담고자 하는 주제에 맞는 판형과 쪽수를 먼저 정한다. 쪽수는 보통 펼침면 기준 열 장을 넘지 않게 하려고 한다. 그런 다음 스케치 작업을 진행한다. 스케치를 완성해야만 어느 부분에 어떤 기법을 쓰면 좋을지 생각하며 입체화해나갈 수 있으니까. 모든 장면의 스케치가 완성되고 팝업 구조물이 들어갈 부분이 정해지면, 설계를 해서 도면을 만든다. 그런 다음 도면에 맞춰 팝업 구조물을 만든다. 그림이 없는 흰 종이에 팝업 구조물만 있는 상태인 '1차 버전'을 우선 만들어 팝업이 잘 작동되는지 테스트한 다음, 설계를 확정한다. 더미북을 만들고 최종 설계 도면이 완성되면 그 도면에 맞춰 그림을 그리고 글을 앉혀 디자인한다. 파일을 가인쇄하여 더미북을 만들어 이미지와 팝업 구조물이 모두 올바르게 위치하는지 확인한다. 그런 다음 최종 설계 인쇄 도면 파일과 샘플 더미북을 팝업 전문 제작처에 넘긴다.

팝업북이 제작되는 과정에서 페이퍼 엔지니어는 어떤 일을 하나?

페이퍼 엔지니어는 평면의 종이에 공간을 만들어내는 사람, 평면을 입체로 만들어내는 사람이라고 할 수 있다. 평면에 그려진 그림을 보고 입체화할 부분, 즉 팝업 구조물을 정하고, 구조물의 도면을 만들고, 테스트를 거쳐 제작이 가능하게 만드는 일을 한다. 수작업으로 조립해야 할 부분들이 있다면 그 작업들도 엔지니어의 손을 거쳐서 완성된다.

페이퍼 엔지니어가 되려면 무엇을 배워야 하나? 혹시 자격증이 필요한가?

특별한 자격증은 없다. 하지만 평면인 종이로 입체물을 만드는 일이기 때문에 당연히 팝업 원리를 알고 응용할 수 있어야 한다. 또 북디자인과 제본에 대한 이해가 있으면 많은 도움이 된다. 제작 업체에 팝업북 제작을 의뢰하려면 샘플 더미북이 반드시 있어야 하니까. 표지까지 제본이 된 더미북을 보여주면서 제작 업체와 얘기하면 모든 일이 훨씬 수월해진다. 그런데 제작 업체와 소통할 샘플 더미북은 누가 대신 만들어줄 수가 없기 때문에 직접 만들 수 있어야 한다.

어떤 기술들을 배우면 팝업북을 제작할 수 있나?

팝업 기법은 크게, 입체 팝업 기법과 작동 팝업 기법으로 구분할 수 있다. 입체 팝업 기법은 말 그대로 입체물을 만드는 기법으로, 팝업 구조물을 펼침면에 평행하게 붙이는 '평행 팝업(parallel folds)' 기법, 일정한 각도로 붙이는 '각 팝업(angle folds)' 기법 두 가지가 있다. 작동 팝업 기법은 움직임을 만드는 기법으로, 회전 원판을 돌리는 '회전 원판 팝업(wheels)' 기법과

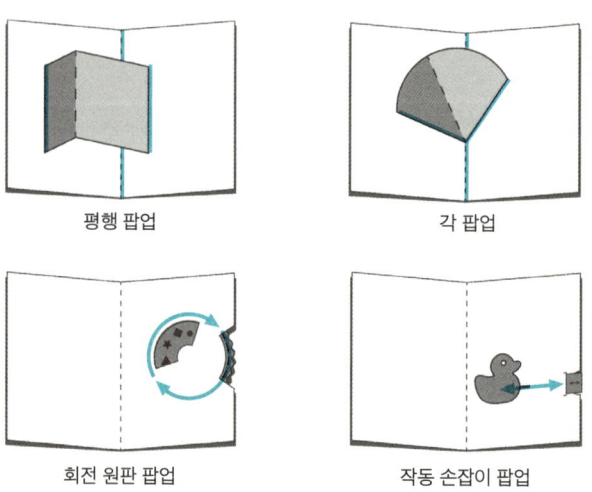

평행 팝업   각 팝업

회전 원판 팝업   작동 손잡이 팝업

손잡이를 당기는 '작동 손잡이 팝업(pull-tabs)' 기법이 있다. 주로 이 네 가지 기초 기법을 변주해서 다양한 형태를 연출한다. 모르고 볼 때는 놀랍지만 생각보다 쉽게 익힐 수 있다. 기법을 응용하는 방식이 엔지니어나 작가마다 다르기 때문에, 쉬운 기법을 썼다 할지라도 멋진 팝업 구조물이 완성되기도 한다. 그런 작품을 볼 때마다 감탄하게 된다.

페이퍼 엔지니어라는 직업이 생소한 분들도 많을 것 같다. 나도 국내에 페이퍼 엔지니어가 있을 줄은 몰랐으니까. 내가 만난 최초의 페이퍼 엔지니어다.

국내에도 소량으로 아티스트 에디션을 제작해 출간하는 페이퍼 엔지니어들이 있다. 대중을 향하는 일은 아니기 때문에 널리 알려지진 않았을 테지만. 또 팝업북을 대량 생산해내는 제작 업체들도 있다. 다만 창작자로서 페이퍼 엔지니어링을 한다기보다는 기술자로서 그야말로 제작을 대행해주는 곳이다. 나는 창작자로서 팝업북을 직접 창작, 제작하기도 하고, 기술자로서 타 출판사나 미술관 등에서 팝업 제작을 의뢰받아 제작해주기도 한다. 또 케플러49라는 팝업북 전문 출판사도 운영하고 있다.

"팝업을 만들다보면
자꾸 무언가를 더해 꾸미고 싶어진다.
그래서 덜어내는 과정이 무척 중요하다"

팝업북은 제작 방식도 일반적인 그림책과는 많이 다를 것 같다.

일반적인 그림책은 보통 인쇄 후 기계 제본을 하면 제작이 완료된다. 팝업북은 일반 그림책 제작 과정에 팝업 설계, 후가공, 수작업 과정이 추가된다. 팝업 설계 단계는 앞에서도 설명했듯 도면을 만들고 작동이 잘 되는지 테스트를 거치는 단계이고, 후가공은 종이를 다이 커팅[2]하거나 코팅하는 등 인쇄 후 추가 가공을 하는 단계다. 수작업은 팝업 구조물을 조립하거나 붙이고, 제본하는 단계다. 일반적인 책들은 종이를 접어 제본한 뒤 한꺼번에 재단을 하는데, 팝업북은 본문을 한 장 한 장 자른 다음 팝업 구조물을 일일이 붙이고 조립한 후, 본문 종이를 순서대로 붙여서 제본한다. 이러한 제본 방식을 '레이 플랫 바인딩(lay-flat binding)'이라고 한다. 보통 어린이 보드북이 레이 플랫 바인딩 방식으로 제본되어 있다. 단, 일반 보드북은 기계 제본이 가능한데, 팝업북은 팝업 구조물 때문에 일일이 손으로 제본해야 한다는 점은 다르다. 기계로는 완성할 수 없는 책이다. 종이도 일반적인 그림책보다는 더 두꺼운 것을 선택한다. 3~5세의 아이를 대상으로 하는 팝업북은 보통 평량이 250그램 정도 되는 종이를 사용하고, 성인을 대상으로 하는 팝업북은 그보다는 좀 더 얇은 220~230그램 종이를 사용한다. 참고로 일반적인 그림책 본문은 평량 120~150그램 정도다.

제작이 굉장히 어렵겠다는 생각이 든다. 사고도 많을 것 같고.

제작을 넘기기 전에 먼저 정교하게 모든 부분을 재단하는데, 필요하면 소량만이라도 사전에 전문 업체에 재단을 맡겨서 확인한다. 인쇄 전에 제작처와 상세하게 의논해야 사고를 줄일 수 있다. 얼마 전에 전문가용 평판 다이 커팅 머신을 샀다. 아무래도 팝업 구조물을 테스트하려면 구멍을 낸다거나 형태대로 접어야 할 일이 많으니까. 예전에는 다 손으로 했는데, 그러다보니 크고 작은 오차들이 생기더라. 제작처에 넘기기 전에는 자르고 접어야 할 부분에 일일이 칼 선을 표시한다거나, 제작처에서 빠뜨릴 수도 있는 작은 종이 조각들까지 챙겨야 한다. 상당히 신경 쓰이는 일이다. 또 업체마다 제작 환경이 달라서, 재단할 때 쓰이는 칼만 바뀌어도 결과물의 완성도가 완전히 달라지기도 한다. 팝업 제작을 전문으로 하는 거래처가 많지 않고, 또 엔지니어도 점점 적어지는 추세라서 어려움을 느낄 때가 많다.

제작 기간도 오래 걸리겠다.

500~1,000권 정도를 제작하려면 최소 한 달 반에서 두 달은 필요하다. 잘못 만들어진 책도 꽤 많이 나오는 편이고. 특히 초반

에 제작된 책들은 한 권 한 권 꼼꼼하게 검수를 해야 한다. 같은 실수가 반복되어 나온다면 초기에 바로잡아야 하니까. 한 과정만 오류가 나도 다 폐기해야 해서 200부를 제작한다면 인쇄는 500부 분량을 한다. 파본을 고려하는 거다.

엔지니어링을 할 때 가장 중요하게 생각하는 점은 무엇인가?

독자가 여러 번 봐도 최대한 파손되지 않고 처음처럼 계속 잘 작동될 수 있도록 설계하는 것, 즉 품질 관리다. 한 번 펼쳤을 뿐인데 파손이 되면 팝업북으로서의 생명은 끝나는 거다. 엔지니어가 만든 도면이 대량 제작 과정 중 바뀌는 경우가 있다. 팝업 이미지가 달라지는 건 아닌데, 제작을 편하게 하려고 제작처에서 도면을 바꾸는 거다. 대부분 작업 능률은 올라가지만 책의 견고함은 살짝 떨어지게 된다. 그 차이를 아는 건 사실 엔지니어밖에 없다. 그러니 도면이 바뀌어도 팝업 구조물이 잘 작동되는지, 여러 번 펼쳐도 망가지지 않는지를 잘 판단해야 한다. 당연히 더 견고한 방향으로 가면 좋겠지만, 팝업북도 협업으로 만들어지는 상업적 결과물이기 때문에 작업자들이 기분 좋게 일하는 것도 중요하다고 생각한다. 효율적이면서 즐겁게 작업할 수 있게 계획하는 것이 엔지니어의 역할 아닐까.

페이퍼 엔지니어로서, 또 작가이자 출판사 대표로서도 책을 만들고 있다. 작업에 임하는 각각의 마음가짐이 다 다를 것 같다.

출판사 대표로서는 유아용 도서에 국한하지 않고, 다양한 주제와 예술적 이미지를 담은 팝업북을 출판하고 싶은 욕심이 있다. 이런 방향성을 지닌 작가의 팝업북을 꾸준히 출판한다면 더 많은 사람들이 팝업북의 매력을 발견할 수 있지 않을까? 엔지니어로서 책을 만들 때는, 제작 가능성을 가장 중요하게 생각한다. 국내에서 제작이 가능한지, 기한 내에 만들 수 있는 부수인지 등이다. 사실 팝업북 제작을 의뢰하는 출판사나 작가 대부분은 이런 사항들을 구체적으로 정해서 오지 못한다. 상황을 너무 모르니까. 그냥 이런저런 기술이 들어간 팝업북을 연말까지 출간하고 싶다는 큰 계획 정도만 있다. 그러면 내가 제작 실정에 맞게 출간 계획을 짜서 드린다. 작가나 출판사는 보통 복잡하고 화려한 구조물이 많기를 바라지만, 너무 복잡하면 제작 중 실수도 많아지고 시간이 오래 걸리기 때문에 제작처에서 잘 맡지 않으려고 한다. 그럴 때 나와 같은 엔지니어가 역할을 해야 한다.

어떤 역할을 하나? 구현 가능한 제작 방식으로 조율을 하는 걸까?

그렇다. 제작처에서는 간단한 구조물을 빨리 만들어야 효율적으로 돈을 벌 수 있다. 구조물이 복잡해질수록 파본이 나올 확률이 높아지는데, 그러면 고생은 고생대로 하고 잘했다는 소리도 못 듣게 되는 거다. 누가 하고 싶겠나? 그러니 엔지니어는 팝업 구조물을 정확하고 또 효율적으로 제작할 수 있도록 설계

해야 한다. 제작처와 일정도 조율해야 하고. 만듦새를 최대한 신경 쓰면서, 제일 중요한 제작 기간도 맞추는 거다.

구조물을 확정할 때까지 작가나 편집자, 디자이너와 소통하는 과정도 중요할 것 같다. 확정한 뒤에는 바꾸기 힘들 테니까.

편집자는 책에 담길 이야기를 잘 알고 있는 상태이기 때문에, 팝업 장면이 납득이 가는지, 불필요한 팝업은 없는지, 추가적으로 넣어 독자를 이해시켜야 하는 부분은 없는지를 나와 함께 점검한다. 팝업을 만들다보면 자꾸 무언가를 더해 꾸미고 싶어진다. 그래서 덜어내는 과정이 무척 중요하다.

가장 제작하기 어려웠던 책이 있다면 소개해달라.

아무래도 케플러49의 첫 책 《동물, 원》[3]이 가장 힘들었다. 팝업북 제작 경험이 많은 제작처를 수소문하다, 결국 중국에 공장이 있는 회사에서 제작하게 되었다. 메일로 소통하고, 우편으로 샘플이 오가고, 책이 컨테이너선에 실려 와 사무실에 도착할 때까지 엄청 불안했다. 과연 책이 제대로 올까 싶어서. 우리나라와 중국은 인쇄나 제작 때 쓰는 용어도 조금씩 다르고, 서로 얼굴 한 번 보지 않고 일을 했으니까. 제작 전에 현장에 다녀오려고 했는데, 그때 마침 코로나19가 시작돼서 나갈 수 없는 상황이라 더 불안했던 것 같다.

> "어른과 아이 다 함께 볼 수 있는
> 창작 팝업북이 출간되면 좋겠다는 생각에
> 출판사까지 차리게 됐다"

케플러49는 어떤 출판사인가?

팝업북이 삶에 잠깐의 휴식과 작은 기쁨을 주는 책이자 장난감이 되기를 희망하는 출판사다. 2014년에 문을 열었고, 첫 책 《동물, 원》은 2020년에 나왔다. 처음에는 편집 디자인 일을 주로 했다. 시간이 흘러 팝업북을 이해하고 제작하고자 하는 출판사와 작가 들이 늘어나면서, 이제는 팝업 제작 및 출판을 하고 있다. 언젠가는 케플러49에서 출판한 책을 판매하는 것만으로도 케플러49가 운영될 수 있기를 희망한다. 너무 소박한 꿈일까? 하지만 지금의 출판 시장을 보면 너무 원대한 꿈인가 싶어 막막해지기도 한다. 어쨌든 지금은, 다음 책을 만들려면 페이퍼 엔지니어 제작 외주도 하고 강의도 하면서 제작비를 마련해야 한다.

특별히 팝업북만을 내는 출판사를 차린 이유가 궁금하다.

페이퍼 엔지니어링을 시작하고 지금까지 설계한 거의 대부분의 책들이 사실 유아용이었다. 전래동화, 동요 등을 주제로 하는 책들이다. 다양한 주제를 다양한 일러스트 방식으로 표현한 팝업북은 대부분 번역서인데, 국내에 소개되는 책은 아주 적다. 팝업북을 무척 좋아하는 성인 독자로서, 우리나라에서도 어른과 아이 다 함께 볼 수 있는 창작 팝업북이 출간되면 좋겠다는 생각에 출판사까지 차리게 됐다.

보통 팝업북은 북아트의 결과물이라고 여겨진다. 비닐에 싸여 있거나 조심히 보라는 경고문이 붙어 있기도 하다. 케플러49의 책들은 어떤가?

출판은 대중을 상대로 상품을 제작하는 일이라고 생각한다. 조심스럽게 거리를 두는 예술품이 아니라 대중이 편하게 접할 수 있는 상품이어야 한다. 나의 목표도 정교하게 만들어진 비싼 예술품이 아니라 튼튼하고 편안한 팝업 그림책이다. 주제도 아이와 어른 모두가 공감하고 고민할 수 있는 쪽으로 정한다. 그런데 아쉽게도 서점이나 도서관에서는 케플러49의 책들이 예술 분야로 분류되는 경우가 종종 있다. 어린이 독자만을 대상으로 하는 책이 아니기 때문에 아동 분야가 아닌 예술 분야로 분류되기도 하는 거다.

나는 로버트 사부다⁴를 통해 팝업북의 세계를 알게 됐다. 《이상한 나라의 앨리스》 같은 화려한 책을 보고 깜짝 놀랐다. 케플러49의 팝업북은 그보다 작고 소박하다는 느낌이다.

사실 로버트 사부다의 팝업북을 비롯해서, 팝업북 하면 우선 화려하고 예쁜 책을 떠올리게 된다. 제작자와 출판사 대표 입장에서는 솔직히 말해, 해봐야겠다는 엄두가 나지는 않는 책이다. 페이지도 많고, 기술적으로도 복잡하니까. 나는 좀더 친근한 팝업북, 아트북이 아니라 쉽게 손이 가는 그림책으로서 팝업북을 만들고 싶었던 것 같다. 그래서 케플러49에서 발행하는 책들은 크지 않은 판형으로 만들고 있다. 판형이 크면 그만큼 화려하게 만들 수는 있는데, 책꽂이에만 꽂아놓고 자주 꺼내보지 않게 되더라. 그래서 될 수 있으면 편하게 들고 볼 수 있는, 자주 꺼내 볼 수 있는 판형으로 만들려고 한다. 물론 언젠가는 커다란 팝업북을 만들고 싶다는 욕심은 있다.

출판계 전반이 그렇지만, 그림책도 정말 안 팔리는 시절이다. 그래서인지 제작비가 많이 드는 판형이나 제본 방식을 점점 기피하게 되는 것 같다. 하지만 한편으로는 케플러49와 같은 작은 출판사들이 오히려 새로운 시도에 도전하면서 그림책의 다양성을 확보한다는 느낌도 든다.

쉽지 않다. 하지만 출판사를 시작하면서 '분명히 나와 같은 취향을 가진 사람이 있을 거야' 하는 믿음이 있었던 것 같다. 많은 수익이 나는 일은 아니지만, 잘 만들어진 책을 좋아하는 사람들이 있다면 나도 이 일을 계속할 수 있다고 믿는다.

가격 저항은 없나?

《주츠카, 쿠드랴프카, 라이카—어느 이름 없는 개 이야기》[5]는 3천 권을 찍었는데, 제작비를 계산해보니 책 정가가 4만 원은 넘어야겠더라. 그래서 가격을 43,000원으로 결정했다. 독자들은 너무 비싸다고 생각할 수도 있을 것 같다.《동물, 원》의 경우는 팝업 요소가 더 적은 책이라서 제작비가 상대적으로 낮았고, 개정판 기준으로 가격이 35,000원이다. 두 권의 판매량을 비교해보니, 책 가격이 판매율에 굉장히 큰 영향을 미친다는 걸 알 수 있었다. 그러니 책을 만들 때부터 이미 제작비를 감안해서 책 가격을 높일 것인가, 손해를 보더라도 독자들이 살 만한 가격을 붙일 것인가를 고민하게 된다.

사실 양육자 입장에서는 팝업북을 저렴한 0~3세 그림책으로 더 친숙하게 느낄 것 같다.

그림책 시장에서는 팝업북이 0~3세를 위한 책이라는 일종의 고정관념이 여전히 확고하게 자리 잡고 있다. 케플러49의 책들을 판매해보니 그 고정관념을 더욱 강하게 느낀다. 팝업북의 독자 중 대부분이 전집[6]으로 책을 대량 구매하는 양육자들이니까. 케플러49의 책들이나 내가 제작하는 단권의 팝업북들은 어린이와 어른 모두가 즐기는 책이기 때문에 판매에 어려움을 겪을 때가 종종 있다. 30대에서 50대 여성들이 내 책의 주 독자층이다.

그림책 시장이 워낙 보수적이긴 하다. 양육자들은 이미 검증된 책을 아이에게 보여주고자 하니까 베스트셀러가 잘 바뀌지 않고, 책의 크기나 만듦새에 대해서도 고정관념이 있다. 보드북 같은 아기책은 작고 저렴해야 한다거나…….

제작비를 생각하면 보드북이 훨씬 비싸야 정상이다. 사실 몇십 권짜리 전집을 대량으로 생산하면 제작비를 줄일 수 있으니까 가격도 저렴해지는 것일 뿐이다. 작은 출판사는 몇십 권을 한 번에 제작하기는 어려우니 한 권 한 권 정성스레 만들지만, 독자들의 눈에는 너무 비싼 책으로만 보이는 것 같아 아쉽다.

팝업북이나 그림책, 더 넓게는 책을 잘 만들기 위해 힘쓰는 사람들은 너무 많은데, 그 수고를 알아봐주는 사람들은 참 적다는 생각도 든다.

'책 만드는 사람만 책을 사고 있는 게 아닐까?' 하는 생각이 들 때 한 번씩 슬퍼진다. 친척들만 봐도 1년에 책 한 권 안 사는 사람이 많다. 이렇게 열심히 만들었는데, 이렇게 좋은 책인데 알아봐주면 좋겠다 싶지만, 쉽지 않은 현실이다. 팝업북은 가격 때문에 더욱 판매가 어렵고. 책이 그냥 창고에 쌓여 있는 걸 보면 되게 안타깝다. 한 분이라도 더 이 책을 봤으면 좋겠다. 책이라는 건 어쨌든 더 많은 사람들과 만나고 싶어서 만드는 것이다. 책이 아닌 개인적 작품이라면, 혼자 그림을 그리고 말면 된다. 그런데 이런 마음이 사람들한테 전달되지 않는다고 느껴질 때 속상하다.

그럼에도 팝업북을 계속 만드는 원동력이 있다면?

팝업북을 좋아하는 독자를 만날 때 힘을 얻는다. 비플랫폼[7]에서 팝업북 워크숍을 하고 있는데, 몇 년 전 처음 열었을 때는 아무도 안 올 거라고 생각했다. 팝업북을 사는 사람도, 만드는 사람도 별로 없으니까. 그런데 신기하게도 지금까지 계속 이어지고 있다. 나도 뭐가 뭔지 잘 모르겠다. 2023년에는 처음으로 도서전을 나갔는데, 팝업북을 좋아하는 독자들을 많이 만날 수 있었다. 이런 책은 처음 본다며 신기해하는 분들도 많았고. 생각해보면, 도서전 같은 자리가 아니면 독자들을 직접 만날 수 있는 기회가 많지 않다. 고생스럽긴 했지만 매해 참가하려고 한다. 책을 널리 알릴 수 있는 기회가 많아지면 좋겠다.

"공간이 중요한 이야기들이 팝업북으로 만들었을 때 효과적이다"

팝업북의 매력은 무엇일까?

아무래도 연극 무대처럼 공간 연출이 가능하다는 점, 그리고 독자가 직접 조작해볼 수 있다는 점이다. 책을 단순히 보고 읽는 것을 넘어서는 경험을 준다. 그래서 엔지니어링을 할 때도 이런 매력을 잘 살리는 데 집중하려 한다.

그림책 작가는 일상의 순간을 정지된 화면에 포착하듯 담아낸다. 팝업북 작가는 순간을 평면적 화면이 아닌 입체적 화면으로 만들어내는 사람 같다. 평면을 입체로 사유해나가는 과정이 궁금하다.

평면 스케치가 먼저고, 그다음 어떤 부분을 팝업으로 만들지, 한 장면에서 가장 핵심이 되는 팝업 요소는 무엇으로 할지 정한다. 아마 이런 과정이 평면의 화면을 구상하는 그림책 작가들과는 다를 것 같다. 핵심 요소를 정하고 나면, 나머지 팝업 요소들은 꼭 필요한지 항상 고민하고 또 고민한다. 팝업은 그냥 장식이 되면 안 된다. 제작비가 아주 많이 드니까. 그러니 팝업 조각 하나하나에 신중하게 된다. 평면의 그림으로도 충분히 의도가 잘 담기거나 이미 글에서 잘 설명하고 있는 부분들을 팝업으로 중복해서 보여주지 않으려고 노력한다.

팝업북으로 제작했을 때 더 효과적인 이야기나 주제가 따로 있을까?

공간이 중요한 이야기들이 팝업북으로 만들었을 때 효과적이라고 생각한다. 《동물, 원》을 구상할 때는, 먼저 우암산 자락에 있는 청주동물원에 가서 촬영을 했다. 청주동물원은 실제로 가보면 방사장이 정말 작다. 지금은 환경이 많이 개선됐는데, 그때는 충격적일 정도로 좁았다. 저 드넓은 우암산을 두고 동물들을 이렇게 비좁은 곳에 가둬둔다니 기이하다는 생각이 들었다. 그래서 의도적으로 갇힌 동물은 더 크게, 그 동물이 갇힌 공간은 더 좁게 설계했다. 동물권을 다룬 책은 많이 나와 있지만, 동물원의 좁은 방사장의 모습을 가장 잘 표현할 수 있는 방법은 팝업이라고 생각했던 거다. "이렇게까지 비좁은 곳에 있다고?" 하고 독자가 실감할 수 있도록. 단순히 '방사장 안에 동물이 있구나'가 아니라 정말 좁은 방사장에 동물이 '갇혀 있다'는 느낌을 독자가 받기를 원했다.

그러고보니 《을숙, 새가 머무르는 섬》[8] 《주츠카, 쿠드랴프카, 라이카—어느 이름 없는 개 이야기》 모두 섬, 우주선, 우주 등 공간에서 이야기가 시작된다는 공통점이 있다.

《을숙, 새가 머무르는 섬》은 첫 장면이 가을인데, 겨울 철새가 땅에 내려앉지 못하고, 날아올라 떠난다. 팝업북은 이런 식으로 장면들이 평면의 그림에 머무르지 않고, 책을 벗어나 다른 공간으로 확장되도록 구상할 수 있다. 《주츠카, 쿠드랴프카, 라이카—어느 이름 없는 개 이야기》 역시 첫 장면을 보면, 길거리에 개가 서 있고 그 뒤로 저 멀리 우주선이 날아간다. 앞으로 펼쳐질 이 개의 운명을 공간으로 암시하는 구성이다. 다음 장면들은 떠돌이 개 라이카가 살았던 도시, 잠시 머물렀던 연구소, 그리고 거기서 만나는 사람들, 우주선이라는 공간, 또 우주라는 공간이 모두 팝업 구조물로 입체화되어 있다. 도시에는 어떤 형태의 건물을 세워야 할지, 건물들과 라이카의 거리는 어느 정도로 두어야 라이카가 느끼는 고립감이 전달될지 등을 많이 고민했다.

공간의 느낌을 중심으로 사유하기 때문에 무대 배치나 입체물 사이의 거리감 등을 통해 정서를 전달하는 것 같다. 평면의 이미지를 창작할 때와는 또 다른 느낌이다.

우주는 어떻게 표현해야 할지 사실 막막했다. 너무 넓고 큰, 미지의 공간이니까. 그래서 발사된 우주선을 아주 높이 세웠다. 알 수 없는 곳으로 날아가는 느낌으로. 우주선 안에 타고 있는 라이카의 공포감 역시 높이로 표현하고 싶었다. 마지막 장면에서 라이카의 이름을 세 번 불러 주는데, 가는 분의 이름을 세 번 부르는 우리나라 장례 문화를 떠올리며 쓴 텍스트다.

《돌섬, 바다의 노래》[9]에서 아주 인상적인 장면이 있었다. "반짝이는 물결을 따라 물고기가 팔딱이면" 하는 글과 함께 종이를 잡아당기게 되어 있는데, 그 순간 별이 그려진 종이가 빙그르 돌면서 각각의 생명체로 바뀐다. 페이퍼 엔지니어링을 통해 형태와 의미가 딱 맞아떨어지게끔 연출된 거다. 이런 발상이 무척 놀라웠다.

작가가 아이디어를 떠올리면 나는 엔지니어로서 적합한 기법을 추천하는데, 이 장면의 경우는 주민정 작가가 아이디어도 내고 이미지를 가장 잘 표현할 수 있는 팝업 기법을 찾아 완성했다. 나는 엔지니어로서 작동하는 데 불편함은 없는지, 여러 번 움직여도 파손되지 않는지 등 제작의 완성도 측면에서 도움을 주었다.

팝업북은 만들 때 손이 많이 가는 책이고, 또 읽을 때도 손을 많이 쓰게 된다. 책을 포함해 모든 것이 디지털화되는 현대의 흐름에 역행하는 물건 같기도 하다.

앞으로 종이책이 다 없어질 거라는 말을 스무 살 때부터 들었다. 하지만 책은 지금까지도 살아 있다. 여전히 다양한 형태와 장르의 종이책이 판매되고 있고. 물성을 지닌 책은 앞으로도 사라지지 않을 거라 믿는다. 특히 팝업북은 손으로 하나하나 만들 때 필요한 물리적인 시간이 있다. 종이 자르고 접고 붙이는 일을 하는 데 드는 시간을 빨리 감기 하듯 줄일 수는 없다. 이런 느릿느릿한 작업 속도가 나한테 만족감을 준다. 사실 그 느린 시간이 좋아서 계속 만들고 있는 것 같다.

모든 책이 다 디지털로 대체되어도 그림책만은 종이책으로 살아남을 거라고 생각한다. 특히나 팝업북은 책에 물성이 있기에 존재하는 책이다. 《주츠카, 쿠드랴프카, 라이카—어느 이름 없는 개 이야기》에서 특히 이 물성과 관련된 흥미로운 장면이 있었다. 라이카를 태운 우주선이 발사되는 순간을 입체화한 장면인데, 책장을 넘겨 활짝 펼치면 딱딱딱딱 소리가 난다. 마치 내 눈앞에서 카운트다운이 되는 것처럼! 촉각, 시각, 청각을 모두 건드리는 멋진 연출이다.

알아봐주어 고맙다. 굉장히 몰입해서 만든 장면이다. 라이카 입장에서는 우주선 안에서 얼마나 무서웠을까? 라이카가 들었을 굉음을 책 안에 꼭 담고 싶었다. 그래서 종이를 날카로운 톱니 모양으로 재단해서 일부러 소리가 나도록 했다. 그런데 이 소리를 알아채지 못하는 독자들이 많았다. 책장을 완전히 펼쳐야 소리가 나는데 아무래도 책이 망가질까봐 조심스레 넘기다보니. 또 "탁탁" 하는 소리를 책이 찢어지는 소리로 오해하는 독자들도 있었다.

"종이를 만드는 법, 판화 찍는 법, 납활자 인쇄, 제본 등을 다 손으로 직접 체험하고 배웠다"

편집 디자이너로 일하다가 독일로 유학을 가서 페이퍼 엔지니어링을 배웠다고 들었다.

디자이너로 일할 때는 매일 야근하고 자주 인쇄소에서 감리를 봤다. 육체적으로도 힘들었지만 하면 할수록 편집 디자인이 어렵기도 했다. 타이포나 행간, 자간 같은 미세한 요소들을 깊게 고민하고 싶지만, 너무 바쁘니까 그냥 소모되는 느낌이었달까. 2002년에 남편과 함께 독일로 가면서 카셀 예술대학에서 그래픽 디자인을 다시 공부하게 됐다. 그런데 이 학교가 좀 특이했다. 학교에 각 분야 장인들이 있었고, 그분들께 도제식으로 직접 배우는 시스템이었다. 공방 같다고 할까? 종이를 만드는 법, 판화 찍는 법, 납활자 인쇄, 제본 등을 다 손으로 직접 체험하고 배웠다. 우리나라 같았으면 제본도 그냥 출력소에 돈을 내고 했을 텐데 카셀 예술대학은 그 모든 걸 자기 손으로 직접 하는 게 원칙이었다.

특별히 좋아했던 수업이 있다면 소개해달라.

제본 수업이 특히 기억에 남는다. 제일 먼저 배운 게 정리정돈이었다. 기기 정리 방법, 사용 순서 등을 익혀야만 제본 기술을 배울 수 있었다. 책상에 절대 풀이 묻으면 안 된다는 규칙도 엄격하게 지켰다. 공방은 모두 함께 쓰는 공간이자 창작자의 공간이기 때문에 스스로 관리해야 한다는 점을 가르친 거다. 지금까지도 그때 익힌 습관이 내 몸에 남아 있다.

창작자의 태도와 마음가짐부터 가르치는 시스템이라 볼 수 있겠다.

1학년 2학기 때 판화 수업을 들었는데, 학생들이 다 함께 요리책 한 권을 판화로 만들어 제작하는 게 목표였다. 요리책을 만들려면 우선 레시피가 있어야 하니까 선생님과 학생 모두 같이 공방에서 레시피를 짜고 요리를 해서 먹었다. 그런 다음 그 과정을 판화로 찍고. 학교 근처 예술회관에서 다 같이 오페라 공연을 보고는 그걸로 책을 만들기도 했다.

기획부터 제본까지 모든 과정을 손으로 직접 하면 영혼이 담긴 작업물이 나올 것 같다.

그랬다. 한국에서 출판사를 다닐 때는 책 만드는 게 너무 지긋지긋했는데, 독일에서는 같은 일을 하면서도 신이 났다. 그리고, 접고, 오리고…… 기본으로 돌아가고 나니 창작의 기쁨을 되찾은 느낌이었다. 다시 북디자인이 좋아지더라.

페이퍼 엔지니어링 수업은 어땠나?

수잔나 선생님으로부터 페이퍼아트를 배웠다. 잊을 수 없는 분이다. 팝업 이론, 기술, 설계 방법 등 모든 것을 가르쳐주었으니까. 자신의 지식을 남김없이 제자에게 전수하는 분이었다. 그리고 내가 그 가르침을 토대로 결과물을 만들어내면 자기 일처럼 기뻐해주었다. 성인이 된 뒤로는 그런 진심 어린 응원을 받아본 적이 없어서 감동적이었다.

사실 다른 창작자의 성과에 진심으로 기뻐할 수 있는 사람이 얼마나 될까? 내 작품과 다른 이의 작품을 비교하면서, 왜 내 작품의 성과는 이것밖에 안 될까 하는 자괴감이나 질투심을 먼저 느끼지 않을까? 우리나라에서 일할 때는 그게 당연하다고 생각했다. 그런데 독일에서 함께 공부했던 친구들은 내가 좋은 성과를 냈을 때 서운해하거나 실망하기보다는 진심으로 축하

하고 기뻐해주더라. 서로를 경쟁자가 아니라 창작의 동료로 대하며 응원과 격려를 나눌 수 있어야만 함께 오래 작업할 수 있다는 깨달음을 얻었다.

종이책에 대한 관심도 우리나라보다 높다고 느꼈나?

그렇진 않다. 독일에서도 나는 비주류였다. 카셀 미술대학 학생들도 수작업을 지루하게 여겼다. 책보다는 포스터, 패키징, 뉴미디어 쪽으로 나가는 추세였고. 이제는 모든 일이 다 디지털화되어서 사실 손으로 그림을 그리는 사람도 점점 줄어들고 있지 않나. 수익이 많이 나고 작업 속도가 빠른 방향으로 모두가 향하고 있는 것 같다. 책은 결과물을 내기까지 시간이 오래 걸리는 작업이다.

"손을 움직여 작품을 만드는 작가를 존경하는 마음"

우리나라에 잘 알려지진 않았지만 작가로서, 또 엔지니어로서 독자에게 꼭 알리고 싶은 팝업북이 있다면 소개해달라.

가장 좋아하는 팝업북이자, 제작자로서 만난 팝업북 중 나에게 가장 영향을 많이 준 책을 소개하고 싶다. 아누크 부아로베르와

루이 리고의 책《팝빌》[10]이다. 글이 없고, 그림과 팝업 구조물로 도시가 변화하는 모습을 보여주는 책이다. 팝업 구조는 단순하지만, 아이디어가 좋고 디자인도 흥미롭다. 장면을 펼치면 글 없이도 내용이 한눈에 들어오고. 두 작가의 다른 작품들도 좋다.[11] 요즘 가장 좋아하는 팝업북 작가는 도미니크 에르하르트[12]와 제라르 로 모나코[13]이다. 이들의 작품을 꼭 읽어보길 바란다.

그림책 취향도 궁금하다.

키티 크라우더[14]의 작품들을 좋아한다. '어린이책' 하면 딱 떠오르는 마냥 밝고 따뜻한 그림이 아니라서.《작은 남자와 신》[15]이라는 책을 통해 키티 크라우더를 처음 알게 됐다. 국내에는 아직 소개가 안 됐다. 펠릭스 호프만[16]도 가장 좋아하는 일러스트레이터 중 한 명이다. 섬세하고 아름다운 판화 작품을 많이 남겼는데, 우리나라에서는 그림 형제 동화의 삽화로 잘 알려져 있다. 내가 그릴 수 없는 스타일이라선지 그림이 정말 좋다.

수작업에 대한 애착이 느껴진다.

마음 깊숙한 곳에 손을 움직여 작품을 만드는 작가를 존경하는 마음이 있다. 그러고 보니 플립북도 좋아한다. 그림책이라고 할 수 있을지는 모르겠지만. 책장이 좌르륵 넘어가면서 만들어지는 애니메이션이 너무 좋다. 아무래도 나는 손으로 조작할 수 있는 책에서 매력을 느끼는 것 같다. 일종의 놀이처럼. 그래서 팝업 엔지니어링에 빠지게 되었나보다.

어렸을 때부터 책을 좋아했나? 책 만드는 사람이 될 거라고 생각한 적이 있었나?

어렸을 때도 책은 좋아했지만, 편집자나 디자이너 같은 '직업'이 있다는 건 몰랐다. 그 시절엔 모두가 과학자, 법관, 의사, 대통령을 장래 희망으로 삼았으니까. 어쩌다보니 편집 디자이너를 거쳐 지금까지, 어쨌든 계속 책을 만드는 사람으로 살고 있다. 언제까지 독자들이 내가 만든 책을 찾아줄지는 모르겠지만, 내가 스스로 그만하지 않는 이상 죽을 때까지도 퇴직이란 없다고 생각하면 참 좋은 직업을 만난 것 같다. 물론 많은 돈을 벌고 있진 못하다. 하지만 생각해보면 옷도 있고 먹을 것도 있고 어쨌든 잘 공간도 있다. 고깃값 정도만 조금 아끼면 된다. 새로운 책을 만들 때마다 끊임없이 뭔가를 배워야 한다는 것도 장점이다. 그 과정에서 돈으로는 살 수 없는 어떤 것을 내 안에 채워가는 느낌이다.

팝업북을 몇 개의 단어로 정의한다면?

좀 우습고 부끄러운 얘긴데, 나는 지금도 팝업북을 생각하면 심장이 두근거린다. 이렇게 좋은 것을 또 만날 수 있을까 싶을 정도로. 도면 설계가 여전히 신난다. 정말 재미있다, 즐겁다는 느낌을 받는 순간이다. 사실 책을 만들고 나면 되게 열심히 팔아야 한다. 홍보도 열심히 해야 하고. 그런데 빨리 다음 책을 만들고 싶다는 생각이 먼저 든다. 이런 설렘을 독자와 나누고 싶다. 그러니까 팝업북은 나에게 '설렘' '삶' '감동' '기쁨' '놀라움' 이다.

그림책을 사랑하는 독자 여러분께 꼭 남기고 싶은 말이 있을까?
내가 그랬던 것처럼 그림책과 함께 울고 웃기를 바란다.

주석

1. 척 머피(Chuck Murphy) 지음,《깜짝깜짝! 색깔들》, 비룡소, 2006.
2. '다이 커팅(die cutting)'이란 인쇄물을 절단해 필요한 모양을 따낸다는 의미로, 제작 현장에서는 흔히 '톰슨'이나 '도무송'이라 불린다. 직선뿐 아니라 원형이나 비정형 등 다양한 곡선 형태의 재단이 필요한 경우 다이 커팅으로 재단한다.
3. 정혜경 지음,《동물, 원》, 케플러49, 2024. 초판은 2020년에 출간.
4. 로버트 사부다(Robert Sabuda)는 미국의 일러스트레이터이자 페이퍼 엔지니어다. 정교하고 환상적인 팝업북으로 유명하다. 2003년 출간한《이상한 나라의 앨리스》로 케이트 그린어웨이 상을 받았다.
5. 정혜경 지음,《주츠카, 쿠드랴프카, 라이카 ― 어느 이름 없는 개 이야기》, 케플러49, 2022.
6. 온·오프라인 서점을 통해 유통되는 단행본과는 달리, 전집은 자체 유통 조직을 통해 다량의 책을 저렴하게 판매한다.
7. 비플랫폼(B Platform)은 그림책과 아티스트북 등 시각예술서 전문 서점이자 갤러리다.
8. 정혜경 지음,《을숙, 새가 머무르는 섬》, 부산현대미술관, 2023.
9. 주민정 지음,《돌섬, 바다의 노래》, 케플러49, 2022.
10. 아누크 부아로베르(Anouck Boisrobert)·루이 리고(Louis Rigaud) 지음, 《팝빌(Popville)》, EVERGREEN, 2009.
11. 국내 번역 출간된 작품으로《나무늘보가 사는 숲에서》(이정주 옮김, 보림, 2014),《바다 이야기》(이정주 옮김, 보림, 2014),《앗! 내 모자》(이세진 옮김, 보림, 2015)가 있다.
12. 도미니크 에르하르트(Dominique Ehrhard)는 프랑스의 페이퍼 엔지니어이자 일러스트레이터다.《New York》(Universe, 2022),《10 Chaises》(Les grandes personnes éditions, 2016) 등의 팝업북을 그리고 제작했다.
13. 제라르 로 모나코(Gerard Lo Monaco)는 프랑스에서 그래픽 디자이너로 활동하고 있다. 고전 문학 작품부터 자신이 창작한 이야기에 이르기까지 다양한 텍스트로 팝업북으로 제작했다. 우리나라에는《신기한 회전목마》(다담교육, 2021),《어린 왕자》(앙투안 드 생텍쥐페리 지음, 김화영 옮김, 문학동네, 2018) 등이 번역 소개되었다.
14. 키티 크라우더(Kitty Crowther)는 벨기에의 그림책 작가로, 2010년 아스트리드

린드그렌 상을 받았다. 《내 친구 짐》(나선희 옮김, 책빛, 2024), 《나와 없어》(이주희 옮김, 논장, 2022), 《메두사 엄마》(김영미 옮김, 논장, 2018) 등의 그림책을 쓰고 그렸다.

15. 베르나데테 오트(Bernadette Ott) 글, 키티 크라우더 그림, 《*Der kleine Mann und Gott*》, Carlsen, 2012.

16. 펠릭스 호프만(Felix Hoffmann)은 독일에서 활동한 그림책 작가이자 판화가로 안데르센상, 독일 아동도서상을 받았다. 우리나라에는 《행복한 한스》(김기택 옮김, 비룡소, 2004), 《라푼첼》(한미희 옮김, 비룡소, 2009) 등 그림 형제 그림책의 그림으로 잘 알려져 있다.

그림책 독자를
찾아서

마케터 이서윤

약 20년간 그림책을 만들었지만 실제로 책을 팔아본 경험은 별로 없다. (도서전에 판매 지원을 나간 적은 몇 번 있다.) 그림책 독자는 구체적으로 누구인지, 그들은 그림책에서 무엇을 바라는지가 늘 궁금했다. 악보가 누군가에 의해 불릴 때 비로소 노래로 완성되는 것처럼, 책도 독자에게 읽힐 때 비로소 완성될 테니까. 그렇다면 책과 독자, 작가와 독자를 이어주는 마케터야말로 책을 완성시켜주는 사람이 아닐까? 그런 의미에서 이 인터뷰집의 마무리는 반드시 그림책 마케터여야겠다고 생각했다. 책읽는곰 출판사의 마케터 이서윤은 2025년을 기준으로 9년차 출판 마케터이다. 어린이책 출판사에서 처음 마케팅을 시작했고, 킨더랜드에 입사하면서 그림책 마케팅을 본격적으로 했다. 그는 출판 마케터가 된 것이 우연과 우연이 겹친 결과였다고 한다. 사회과학을 전공하고 어린이 청소년 문학을 전혀 읽어본 적이 없던 그가 처음 접한 낯선 그림책의 세계는 과연 어떠했을까? "그림책은 다양한 사람들의 이야기를 담아야 하고 진보적이어야 한다"는 그의 관점은, 그림책의 형식적 묘미나 물성의 가치보다 독자를 우선한다는 점에서 신선하게 다가왔다. "사고파는 이들이 던지는 정제되지 않은 날것의 의견들"을 신호 삼아 독자가 있는 방향을 찾아가는 마케터라는 직업을 이 인터뷰를 통해 생생하게 전달하고자 했다. 그 과정에서 '배본'이나 '납품' '반품' 같은 영업 용어들이 등장하기도 했다. 독자가 궁금해할 영역, 혹은 알아야 할 영역이 어디까지일까 고민이 되기도 했지만 현장의 목소리가 그대로 담겨 있는 이야기들이라 빼지 않고 실었다. 2023년 여름에 서면으로 인터뷰를 진행한 뒤, 2024년 4월 처음으로 만나 세 시간 동안 이야기를 나누었다.

"책을 만드는 일 말고 '무엇이든' 한다"

어떻게 출판사의 마케터가 되었나?

우연과 우연과 우연의 연속이었다. 대학 졸업 후 서점에서 아르바이트를 했다. 막 오픈한 대형 서점의 판매 파견직이었는데, 책 진열 방식이 마음에 안 들었다. 어린 마음에 무턱대고 점장님께 '책 진열을 다시 해야 한다, 나라면 이렇게 할 것이다' 이야기를 했다. 맹랑해 보였을 것 같기도 한데, 다행히 점장님이 긍정적으로 봐주었다. 출판사 취업도 권해주었고. '출판사라니 재밌겠는데?' 하는 생각을 처음으로 했다. 그러다 아동 청소년 서가를 맡게 되었다. 나는 사회과학을 전공하기도 했고 편독도 엄청나게 심해서, 사회과학서나 인문서 말고 다른 책은 거의 안 읽었다. 처음 만난 아동 청소년 분야는 생각보다 엄청난 세계더라. 서가 정리는 안 하고 책만 읽기 시작했다. 그리고 편집자를 꿈꾸게 되었다. '출판 마케터'라는 존재를 아예 몰랐으니까. 그런데 신입 편집자로는 취업이 안 됐고, 이러다 영영 백수가 되는 걸까 하는 시점에 한 출판사에서 마케터 채용 공고가 났다. 출판 마케팅이 뭔지 모르지만 일단 출판사에 들어가보자 해서 지원했는데, 입사하게 됐다.

처음 근무한 출판사는 어떤 곳이었나?

어린이책을 전문으로 내는 출판사였다. 2018년에 입사해 영업자로 일했다. 책이 나오면 배본을 하라고 하는데, 무슨 책인지도 잘 모르는 상태로 보도자료 나온 거 읽고, 서점에 가서 "저희 책 나왔어요. 열 권만 넣어주세요" 하는 식이었다. 지금은 달라졌을 텐데, 당시만 해도 그 출판사는 온라인 서점과 이벤트를 기획하거나 SNS를 운영하는 등 독자와 직접 소통하는 마케팅을 하지 않았다. 출판사라는 곳에 환상이 있었기 때문인지 이건 아무나 할 수 있는 일 아닌가, 내가 생각한 출판사 생활은 이게 아닌데 하고 의기소침한 채 직장생활을 하다가 다른 출판사로 이직을 하면서 마케터로서 제대로 일을 하게 됐다.

출판사와 서점을 이어주는 사람이 영업자라면, 책과 독자를 이어주는 사람이 바로 마케터인 것 같다. 영업자가 아닌 마케터라는 직군이 점점 더 중요해지는 시대다.

그렇다. 예를 들어 서점과 언론사에 보내는 보도자료가 B2B용 자료라면 마케터가 만드는 홍보자료는 독자에게 직접 어필하는 B2C용 자료라고 생각할 정도로, 독자와 직접 소통하는 자리라고 생각한다. 출판사마다 차이가 있겠지만, 작은 출판사의 마케터는 전통적인 영업자의 업무부터 홍보와 사후 관리까지, 정말이지 책을 만드는 일 말고 '무엇이든' 한다. 판매 부수 예측, 마케팅 비용 책정 같은 기본적인 일부터 배본, 출고, 수금 같은 일까지. 물론 대표 유통처인 서점과의 협력도 진행한다. 출판사의 브랜드 이미지가 강하지 않다면 서점과의 협력이 더욱 중요해진다. 서점은 단순한 유통 채널이 아니라 나름의 정책을 가지고 도서를 큐레이션하는 곳이기 때문이다. 서점 MD(머천다이저, 상품 기획·판매 담당자)에게 그동안 세워둔 마케팅 플랜을 공유하며 도서 판매에 필요한 새로운 전략을 함께 세우는 동시에, 내부적으로는 홍보 카피와 광고 이미지를 만든다.

광고 이미지도 직접 디자인하나?

직접 한다. 하지만 디자이너는 아니기 때문에 준비해둔 레퍼런스를 참고하며 채널에 맞는 홍보 자료를 만든다. 보다 명확하고 직관적으로, 가끔은 '뻥'도 섞어가면서. SNS, 서점, 기관, 협력사, 광고업체, 인플루언서 채널 등 요새는 홍보 채널의 범위가 넓어졌기 때문에 마케터가 다루어야 할 툴도 늘어나고 있다. 디자인 툴도 잘 다루고, 사진도 잘 찍어야 하고, 글도 잘 쓰고, 심지어는 영상도 만져야 살아남더라.

책이 출간되면 어떤 업무부터 하나? 독자 입장에서는 '배본'이라는 용어도 어렵게 느껴질 것 같다. 대략적인 프로세스를 설명해달라.

책이 나오면 마케터가 가장 먼저 하는 일이 배본이다. 쉽게 말해 책을 처음으로 서점에 내보내는 일이다. 대형 서점이나 온라인 서점, 책 도매상에 가서 구매 담당자들에게 책을 소개하고,

마케팅 계획도 알린다. 많이 팔릴 책이라는 걸 어필하는 거다. 잘 어필이 되면, 몇백 권 정도를 보내달라고 요청이 온다. 이런 식으로 몇백 권, 때로는 몇십 권씩 서점과 도매상에 내보내게 된다. 출간 전에 서평단을 모집하고, 서평단에서 받은 의견들을 광고 문구로 사용할지 말지, 공구를 열어서 박리다매 전략으로 갈지, 고급화 전략을 꾀하고 온라인 서점이나 동네 책방과 협업을 할지 등 사전 작업들도 진행한다. 띠지를 넣을지, 추천사를 받을지, 받는다면 누구에게 받을지, 이런 결정 하나하나로 편집부와 치열하게 싸우기도 하고. 시의적절하게 책을 광고하는 것도 잊지 말아야 한다. 벚꽃이 피면, 나도 모르게 사진을 막 찍고 있다. 벚꽃과 어울리는 그림책을 모아서 벚꽃 사진과 함께 SNS 계정에 업로드하는 식이다.

온라인 서점과 오프라인 서점 마케팅 전략이 각각 다른가?

서점마다 전략을 다르게 짠다. 내가 보기에 교보문고는 온라인보다 오프라인에서 도서를 구매하는 사람이 더 많고, 온·오프라인이 유기적으로 돌아가는 채널이라 오프라인 서점에서 반응이 좋은 책이라야 온라인에서도 잘 팔리더라. 한번 자리를 잡으면 스테디셀러로 쭉 판매가 되고. 예스24는 대중적인 취향의 책들이 잘 팔리기 때문에 그림책 마케팅을 할 때도 육아에 관심 있거나 어린이 교육 관련 독자들에게 맞춘 전략으로 소개한다. 알라딘은 그에 비해 그림책 마니아들이 모여 있고, 서점 자체에 충성도가 높은 독자들이 많다. 서점의 특성에 맞게 다른 전략을 짜고 사은품도 다르게 기획한다. 온라인 서점 이벤트로 나가는 많은 굿즈들은 마케터와 편집자의 기획으로 만들어진다. 서점에 사은품을 내보낼 때마다 마케터, 편집자, 디자이너가 제작처를 찾고, 발주하고, 비닐 포장까지 해서 서점으로 보낸다. 이렇게 사은품을 준비했다면 출판사의 각종 SNS 채널에서 노출도 시키고 광고도 한다. 요새는 사은품에 염증을 느끼는 사람들이 많아져 다른 전략을 세우기도 한다.

마케터의 의견과 편집자, 디자이너의 의견이 서로 충돌할 때도 종종 있다. 가장 많이 대립하는 지점이 뭘까?

나는 표지에서 제목 글자가 한눈에 보이고, 뒤표지의 도서 소개 글도 방향이 선명하게 보이는 쪽을 선호한다. 누가 봐도 이 책의 내용을 파악할 수 있도록. 편집부에서는 너무 상업적이다, 디자인상 좋지 않다, 하는 의견이 돌아오지만. 광고 언어를 만드는 과정에서 충돌할 때도 많다. 책은 "A니까 B예요."라고 말했다면, 홍보 과정에서는 더 잘 팔릴 것 같은 B를 앞세워 "B예요! 사실은 A에서 시작했지만요." 하고 조금 바꾸는 식이다. 눈에 확 들어오는 방향으로 가다보면 책의 메시지나 작가의 의도가 조금 왜곡될 수 있는 거다. 작가를 더 전면에 내세우고, 직관적인 단어를 쓸지, 책의 주제나 내용에 맞게 담백한 단어를 쓸지, 뉘앙스도 편집부와 조율한다.

판형이나 제목도 민감하게 부딪히는 지점이다.

그림책은 겉모습이 중요하다보니 판형이 클 때와 작을 때 서점 MD의 반응이 다르다. 책이 너무 작으면 보통 첫 반응이 좀 떨떠름하더라. 《복숭아 토끼》[1] 같은 큰 판형은 첫 반응부터 좋았고. 부정적인 단어가 제목에 쓰였을 때 판매량이 저조한 것도 사실이다. 특히 유아 그림책 같은 경우에는 많이 읽혀야 되니까 부정적인 단어를 빼면 좋겠다, 표지만 보고도 무슨 이야기인지 드러나면 좋겠다, 뒤표지 문구가 더 구체적이면 좋겠다, 판형이 좀더 크면 좋겠다, 이런 의견을 항상 낸다. 출판 마케팅이라는 게 직관이 꽤 개입되는 영역인 것 같다. 명확한 데이터보다는 감이나 경험을 근거로 결정되는 일들이 많고.

"독자는 항상 함부로 상정하거나 예측할 수 없는 존재다"

마케터는 책과 독자를 이어주는 사람이자 작가와 독자를 이어주는 사람이기도 하다. 작가는 늘 독자가 궁금하다. 누가 그림책을 사나?

유아 양육자가 대다수다. 그리고 그림책 활동가들이 있고. 그림책만의 언어를 찾아내려고 하고, 그림책으로서의 특성을 중요하게 생각하는 독자들이다. 팬시한 그림책을 주로 사는 독자군도 있다. 예쁘고 독특하고 소장 가치가 있는 책에 끌리는 사람들이다. 그림책 공부를 하는 분들, 미술 전공자, 문학과 에세이 독자, 그래픽노블 독자 등 정말 많은 분들이 그림책을 좋아한다. 사실 그래서 그림책 마케팅은 복잡하다.

알 수 없는 거대하고 먼 집단인 독자가 개성과 취향을 가진 개별의 존재들로 구체화되는 것 같다. 이들에게 다가가기 위한 마케터만의 노하우가 있을까?

정말 어려운 질문이다! 출판인에게 독자는 항상 함부로 상정하거나 예측할 수 없는 존재다. 예전에는 SNS를 통해 우리 책을 읽는 사람들은 어떤 삶을 살고 있을까 엿보기도 하고, 서점에 가서 진열된 책을 들춰보는 독자들을 관찰하며 무엇을 좋아할까 예측하기도 했는데, 이 예측에 항상 주관이 들어가기 때문에 이제는 그러지 않기로 했다. 다만 더욱 다양한 현장을 찾아가려고 한다. 그림책 페어, 작은 책방, 도서관, 도서전, 작가와의 만남 현장 등…… 여기까지 발걸음해준 분들은 대체 무슨 동력으로 움직이는지 현장에서 살펴보려고 한다.

개별 도서의 핵심 독자는 어떤 기준으로 정하나?

그림책의 내용에 따라 다르게 정한다. 어린이에게 메시지를 전하는 책은 해당 연령인 어린이와 양육자로 단순하게 정한다. 문제는 성인 타깃의 '100세 그림책' 카테고리에 속하는 책이다.

성인 타깃이라고 해도 누가 읽는지에 따라 마케팅 언어도, 채널도 달라지니까. 심지어는 온라인 서점에 등록되는 상품소개서 이미지의 결까지 다르게 해야 하니 어떻게 핵심 독자를 지정할까 고민하게 된다. 팔아야 할 책과 유사한 도서들을 계속 조사하고, 그 책들을 어떻게 마케팅했는지도 찾아본다. 선배들의 발자취를 따라가보는 거다. 출판 마케팅은 이렇다 하는 정론이 없고 감으로 이루어진 모호한 빅데이터가 '구전설화'처럼 이어오기 때문에 계속해서 자료를 수집하고 레퍼런스화하는 일이 업무에서 큰 비중을 차지하는 것 같다.

핵심 독자가 아닌 다른 독자층에게 더 많은 사랑을 받은 책도 있었을 것 같다.

물론이다. 그럴 때마다 어리둥절해진다. 특히나 그림책은 유아 시장과 밀접한 관계를 맺고 있기 때문에, '100세 그림책'으로 마케팅해도 유아 시장에서 선택받을 때가 있다. 저명한 사람이 추천을 한다든가, 갑자기 텔레비전이나 인플루언서 채널에 등장한다든가. 그러면 잽싸게 마케팅 전략을 수정해서 유아 시장에 걸맞은 언어로 책을 소개한다. 그 과정에서 깎여나가는 가치들이 가끔은 아까울 때가 있다.

유아, 어린이 대상의 그림책이 아닌 경우는 어떤 식으로 마케팅을 하나?

《아이디어: 창작을 만드는 작은 동물들》[2]이라는 그림책이 있다. 아이디어를 얻는 과정을 동물에 비유해서 그려낸 책인데 유아 독자보다는 작가를 위한 그림책이라고 생각했다. 그래서 작가들에게 책을 보내 릴레이로 서평을 남기는 재미있는 이벤트를 열었다. 처음에는 담당 편집자와 가까이 지내는 작가님들에게 연락을 드렸는데, 릴레이가 점점 이어지자 나중에는 추상미술 작가들과도 연결이 되었다. 신기했다. 뉴스레터를 발행하는 예술 잡지가 있어서 책을 보내고 광고 요청을 하기도 했다. 서평이 뉴스레터에 실리자 반응이 좋았다.

최근에는 그림책 활동가나 그림책을 좋아하는 교사들이 그림책의 주요 독자로 자리잡고 있다.

활동가, 교사들과 서로 연대하는 방식을 고민하고 있다. 그림책의 가치를 알아보고 그림책으로 교육 활동을 하고 싶어하는 분들이니까. "인스타그램에 한 번만 올려주세요." 하는 식으로 당장 판매량을 올리는 데만 급급하는 방식보다는, 그림책을 만드는 출판사와 읽는 사람들 간의 튼튼한 연결고리를 만들고 싶다. 초등학교 선생님들에게는 그림책 활동지를 따로 만들어서 드리는 일도 있다. 출판사에서 가이드라인을 주면, 교육 현장에서 활용하기 더 편한 것 같더라. 활동가들과 그림책 독후 활동을 하기도 하고, 활동가 모임이나 '그림책사랑교사모임' 같은 교사 단체 행사에 가서 직접 신간 그림책을 소개할 때도 있다.

"다시 동네 책방으로 눈길을 돌리고 있다"

그림책은 서점 판매 외에도 다양한 유통 경로가 있지 않나? 그래서 서점의 판매 지수만으로는 그림책이 얼마나 잘 팔리고 있는지 가늠하기 힘들 때가 많다.

다른 책과는 달리 공동구매 방식이 활성화되어 있다. 또 전국에 있는 도서관과 학교 혹은 사설 기관에서 책을 구매하는 일도 생기는데 이건 '납품'이라고 한다. 납품이 되려면 아무래도 이런 책이 있다는 게 먼저 알려져야 하는데 그 역할을 해주는 게 어린이도서관 협회나 아동 문학, 독서 문화 관련 단체에서 만드는 목록집이다. 그러니까 각종 목록집에 책 제목이 실리도록 광고비를 집행하고 데이터를 보내는 일도 아주 중요한 업무 중 하나다.

작가에게도 납품은 기쁜 소식이다. 단기간에 몇백 권, 혹은 몇천 권의 책이 판매되니까.

문제는 공급률이다. 공급률은 일종의 수수료 계산법인데, 일반적으로 서점에서는 책값의 30~40퍼센트 정도를 수수료로 받고 있다. 책값이 10,000원인데 공급률이 60퍼센트라면, 서점에서 4,000원을 수수료로 가져가는 거다. 그런데 대량으로 책을 납품할 때, 강제적으로 공급률을 상상 이상으로 확 낮추는 곳들이 가끔 있다. 그러면 출판사 입장에서는 제작비를 쓰고 나면 아무것도 안 남는 거다. 참 난감하다.

가장 효과가 좋은 마케팅 방법은 뭘까?

솔직히 말하면, 인플루언서가 책을 소개해주는 거다. 이름만 들으면 다 아는 유명인이 그림책을 일종의 학습 도구로 소개해줄 때 날개 돋친 듯 팔린다. 텔레비전이나 스마트폰만 보던 아이가 이 책을 읽고는 책을 좋아하게 되었다, 뭐 그렇게 소개가 되면…… 물론 그에 맞는 마케팅 전략과 광고비, 시기나 콘셉트 등이 다 잘 맞아떨어져야 해서 쉬운 일은 아니다. 워낙 인플루언서가 많아지다보니까 파급력이 줄어들기도 했고. 이제는 어디서 뭘 해야 책이 팔릴지 감이 안 오는 시절이다. 나는 다시 동네 책방으로 눈길을 돌리고 있다. 결국은 그림책을 좋아하는 사람들과 함께 고민하는 게 맞는다 싶어서.

몇 년 사이에 전국 방방곡곡 그림책 전문 서점이 많이 생겼다. 서점 대표들이 활동가로 그림책을 많이 전파하기도 하고.

오래된 지역 서점, 지역 터줏대감 같은 책방들이 있다. 지역의 문화 거점 역할을 서점이 대신해주기도 하고. 특히 그림책을 어린이의 전유물이 아닌 성인 독자의 향유물로 적극적으로 전파해주는 책방지기들이 많다. 사실 처음엔 좀 신기했다. 생각보다 깊이 있게 그림책을 읽고 향유하는 분들이 많아서. 낭독, 필사 등 다양한 방식으로 그림책을 전파하는 책방, 연극 형태로 더 적극적인 방식을 만들어가는 분들도 만났다. 그림책의 힘이 대체 뭘까? 어떤 사람들은 너무 쉽다고 안 읽는데, 어떤 사람들은 짧은 그림책 하나를 가지고 이렇게 다양한 독서 체험을 한다.

지역 그림책 서점과는 어떤 방식으로 관계를 맺나?

원시적인 방법인데, 무작정 찾아간다. 마케터가 왔다고 해서 문전박대하는 서점은 없으니까. 노골적으로 "저의 출판사에서 책이 나왔는데 잘 보이는 데 진열해주세요." 하기는 좀 민망하다. 마케터를 어떻게 대해야 될지 잘 모르시는 책방지기들도 있고. 아무래도 처음엔 서로서로 약간 어색한 거다. 자주 방문해서 서점과 친밀해지는 게 중요한 것 같다. 각 서점별로 장점을 파악해서, 공간이 예쁜 곳은 원화전이나 북토크 행사를 같이 추진한다.

대형 서점에 가면 베스트셀러 그림책들이 잘 보이는 곳에 진열되어 있지만 신간 그림책은 잘 보이지 않는다.

사실이다. 게다가 요즘은 서점에 광고비를 내지 않고 책을 진열할 수 있는 공간이 점점 줄어들고 있다. 마케팅하고 있는 신간 그림책도 어디 구석진 서가에 꽂혀 있고. 광고비를 쓰고, 이런저런 마케팅을 해서 공을 들인 책들도 독자들 눈에 보이는 곳에 잠깐 놓였다가 일주일이면 서가로 들어간다. 반품되거나.

그림책은 사실 비닐로 싸서 서점에 보낼 때가 많다. 이것도 반품을 줄이기 위해서인가?

책의 유통 구조를 먼저 설명할 필요가 있다. 출판사가 대형 서점에 책을 파는 방식은 주로 '위탁 판매' 방식이다. 출판사는 서점에 도서를 우선 납품하고, 서점에서는 판매된 수량만큼만 출판사에 지불을 한다. 예를 들어 출판사가 서점에 1000부를 배본했어도 서점에서 판매가 100부만 되었다면, 900부는 반품을 받게 된다. 공급과 반품에 들어가는 포장비, 운송비, 인건비와 도서 폐기 가능성까지 염두에 두고 배본량을 조절해야 하지만, 신간의 경우 한 번이라도 매대에 깔리게 만들기 위해서는 배본량을 꽤 잡아야 한다. 배본량을 너무 적게 잡으면 '반품 걱정부터 하는 책' '자신감이 없는 책'으로 보일 수 있기 때문이다. 덕분에 독자들이 서점에서 자유롭게 책을 읽을 수 있지만, 그 과정에서 손상된 책은 출판사로 반품이 된다. 특히 그림책은 어린이들이 많이 읽다보니 반품이 무척 많다. 반품을 줄이기 위해서 비닐로 책을 쌀 수밖에 없다. 서점에 가면 견본 딱지가 붙은, 비닐을 벗긴 그림책이 있다. 독자들은 당연히 서점에서 독자를 위해 서비스해준다고 느끼고 자유롭게 보겠지만 사실은 견본 딱지가 붙은 책들도 너덜너덜해져서 출판사에 반품된다. 하루 반품량을 보면 한숨이 나올 때가 있다.

비닐에 싸여 있으면 그림의 느낌, 본문의 종이 질감 등이 독자에게 전달될 수 없으니 안타깝긴 하다. 하지만 책이 조금이라도 찢어지거나 손상이 되면 바로 반품으로 이어지니까 그 물성을 지키기 위해 비닐에 싸야 하는 현실이 아이러니하다.

어떤 책은 접힌 면을 펼치면 숨겨진 그림이 나타난거나, 아코디언처럼 연결되어 있다거나 하는 재미있는 요소들도 있다. 실제로 보면 온라인 서점에서 '미리 보기'로 보는 것과는 완전히 다른 그림책들이 많다. 하지만 그걸 자유롭게 체험하게 하는 순간 판매량보다는 반품량이 늘어난다. 양날의 검이다.

"지금 현재를 살면서 고민하는 지점들이
고스란히 녹아 있는 작품을 만나면,
이걸 어떻게 소개할 수 있을까 두근거린다"

그림책 마케터는 어떤 작가 혹은 작품을 만날 때 설레나?

'이 사람은 정말 생활인이구나' 싶은 느낌을 주는 작가를 만날 때 가장 설렌다. 진짜 멋진 그림책이라도 자신의 예술 세계 말고 외부 세계에 대해 관심이 없는 것처럼 느껴지면 개인적으로 아쉽다. '정말 멋있는 그림이긴 하지만 나랑 무슨 상관이지?' 하는 느낌이랄까? 그래서 생활의 흔적이 서사에 좀 묻어 있는 작품과 작가를 좋아한다. 사람들과 어울려 살고, 노동하고, 밥 해먹고, 그런 일에서 상상을 키우고 서사로 담는 사람들. 그림책도 결국은 창작물이고 창작물은 시대를 반영할 수밖에 없다. 작가가 관찰한 것들, 지금 현재를 살면서 고민하는 지점들이 고스란히 녹아 있는 작품을 만나면, 이걸 어떻게 시의적절하게 소개할 수 있을까 하는 생각으로 두근거린다.

마케팅한 그림책 가운데 가장 기억에 남는 책이 있다면 소개해달라.
《엄마의 여름 방학》[3]이다. 1990년대를 배경으로 하는 그림책인데, 김유진 작가 특유의 섬세한 관찰과 묘사가 인상적이다. 손님 올 때만 펼치는 커다란 자개 반상, 거실의 오디오장과 칸칸이 꽂힌 CD와 테이프, 문구점을 가득 채운 종이 인형과 딱지 등. 아이에게는 1990년대의 일상을 보여주고, 어른에게는 잊고 있던 유년기의 기억을 떠올리게 만들, 대중이 선호하는 키워드 '추억' '엄마' '레트로' 삼박자가 딱 맞아떨어지는 책이라 잘 팔아보고 싶었다. 인스타툰 협업을 해보자는 생각에, 오래 구독 중인 작가 편자이씨툰을 섭외했다. 마침 작가는 어머니의 기억, 딸과의 새로운 추억을 주제로 작업하고 있었다. 작가로부터 흔쾌히 수락이 떨어져 만세를 불렀던 기억이 난다. 마케터로 일하면서도 내심 도서 기획에 목말라 있었는데, 인스타툰 협업을 하면서 처음으로 기획을 경험해볼 수 있었다. 작가와 함께 원고의 방향성을 논의하고 언어를 다듬으며 독자에게 도달할 무언가를 완성해나가는 작업을 해본 것이다. 겨우 광고 포스팅 하나 가지고 거창한 말을 하네 싶겠지만, 콘텐츠를 작가와 함께 만든 일이 처음이었기에 기억에 남는다. 다행히 그림책과 인스타툰의 방향성이 맞아 완성도 높은 결과물이 제작되었고, 광고 성과도 좋은 편이었다.

첫눈에 '잘 팔리겠다!' 하는 느낌이 드는 그림책도 있었나?

《복숭아 토끼》다. 민화 그림책인데, 스케치 단계부터 그림을 편집부와 함께 봤다. 화려하고 예뻐서 보자마자 잘 팔리겠다 생각했다. 그래서 더 많은 판매를 위해 표지 컬러를 전면 수정해보자고 제안했다. 원래 표지 그림 바탕색이 파란색이었다. 그런데 '복숭아 토끼' 하는 제목만으로도 우선 핑크가 떠오르더라. 그래서 담당 편집자에게 서점에 잘 홍보할 테니 표지 컬러를 핑크로 바꿔달라고 부탁했다. 책이 출간된 다음 서점에 가져갔는데, 정말 모든 서점의 MD가 "와!" 하고 탄성을 질렀다. 제작에 공을 많이 들인 탓에 다른 그림책보다 가격이 높았는데도 반응이 좋았다. 판형도 큰 책이라서 화사한 핑크색 표지가 서점에 놓이니까 눈에 확 띄었다. 한 달간 주요 서점에 진열을 했고, 한 달도 안 되어 재쇄를 찍을 수 있었다.

표지 컬러를 바꾸는 과정에서 작가나 편집부와 의견 충돌은 없었나?

원래 나는 편집자의 의견을 받아들이는 편이다. 그래선지, 처음에는 '이유나 한번 들어볼까?' 하는 반응이었던 것 같다. 작가도 실험적인 시도에 열려 있는 분이라서, 부드럽게 넘어갔던 것 같다. 심지어 전작인 《책가도》[4]는 중쇄를 찍을 때마다 표지 컬러를 바꾸고 있다. 1쇄는 파란색, 2쇄는 빨간색, 3쇄는 보라색⋯⋯ 양귀자 작가의 《모순》[5]도 2쇄 주기로 표지 컬러가 계속 바뀌지 않나. 그런 레퍼런스를 보여주면 어떨까 했다. 표지를 바꾸니 표지별로 모으는 독자들도 생기더라.

그림책의 독자가 성인까지 넓어지다보니 이런 마케팅도 가능해진 것 같다는 생각이 든다. 하지만 한편으로는, 성인을 타깃으로 하는 그림책이 잘 팔리느냐 하면 꼭 그렇지도 않은 것 같다. 성인 취향으로만 너무 치우쳐도 안 되고, 그렇다고 유아 타깃의 너무 단순한 구성으로는 성인 독자들을 만족시킬 수 없고⋯⋯ 작가 입장에서는 이 줄타기가 너무 어렵다.

편집부와도 이야기를 해보면 이 지점을 되게 어려워하더라. 사실 유아 카테고리에 넣으려면 문장도 서사도 단순해지고, 말하고 싶었던 이야기가 잘려나가기도 하니까. 마케팅을 할 때도 사실 훨씬 다양한 각도로 바라볼 수 있는 그림책인데도 단순하게 "이 책을 읽으면 똑똑해진답니다."라거나 "금방 숫자 떼기를 할 수 있어요." 하는 식으로 홍보 문구를 작성하는 게 때로는 너무 죄송하다. 책을 너무 납작하게 표현하는 것 같아서. 그렇다고 성인 독자만을 타깃으로 하면 책이 너무 안 팔리고. 사실 성인 독자들이 그림책을 한창 많이 살 때가 있었다. 한 2~3년 전쯤.

코로나19 시기 아니었나? 다들 집에서 그림책을 읽으면서 힐링을 했다.

맞다. 그때는 성인 독자들이 그림책을 많이 사준 덕분에 호황이었다. 그 시기가 끝나버렸다. 요즘은 성인 타깃 그림책을 주로 출간하던 출판사들도 유아 타깃 그림책으로 다시 돌아오고 있다고들 한다.

"그림책은 다양한 사람들의 이야기를 담아야 하고, 진보적이어야 한다"

그림책 시장은 어떻게 변화하고 있나?

내용 면에서는, 한쪽에서는 여전히 가족, 예절 등 다소 보수적인 가치관이나 지식정보가 담긴 일명 '유아 그림책'이 자리를 굳히고 있고, 다른 한쪽에서는 다양한 가치관과 새로운 형식을 지닌 그림책이 늘어나고 있다. 그림책 시장에 뛰어드는 작가들도 점점 더 많아지고 있고. 독자 움직임으로 보자면 그림책 시장이 에세이, 인문사회 독자를 조금씩 흡수하고 있다. 가벼운 에세이나 그래픽노블에 익숙한 독자들이 자연스레 그와 유사한 결의 성인 그림책으로 넘어온다고 봐야 할까? 그래서 이전보다는 작가의 세계관이 보이는 그림책이 많이 나오고 있다. 편집과 제본 면에서 과감한 시도를 하는 책도 늘어났다. 이전에는 독립출판물에서 볼 수 있었던, 시각 예술로서의 책이 출판 시장에 들어오고 있고, 독자들도 그 변화를 유연하게 받아들이고 있다. 어린이책 독서 인구 자체가 줄어서 독자를 구분하는 게 무의미해진 까닭도 있겠지만.

마케팅 전략은 어떻게 변화하고 있나?

유독 그림책 시장은 인플루언서 의존이 심해진 것 같다. 도서 종수는 너무 많고, 다들 좋다고는 하고, 책값은 비싸니까 독자도 당연히 유명인의 추천에 크게 영향을 받는다. 인플루언서 시장도 점점 쇠락하는 추세라고 하지만, 내가 볼 때는 쇠락이라기보다는 마케팅의 기본형이 된 느낌이다. 이걸 하지 않으면 판매 자체가 안 되는 쪽으로 변한 거다. 이전의 굿즈 마케팅이 지금은 범람하고 있는 것처럼. 앞으로는 또 어떤 새로운 전략이 나타날지 예측이 안 된다.

그 변화들 가운데 그림책을 만드는 사람들이 의미심장하게 지켜봐야 할 지점이 있다면?

판매에 너무 연연해하지 않았으면 좋겠다. 인플루언서가 그림책 시장을 좌지우지하게 된 건 코로나19 때부터였다. 그리고 불과 3~4년 만에 또 다른 마케팅 전략이 나올 거라고 다들 기대하고 있다. 그런데 대가들은 전략이 있거나 말거나 꾸준히 우직하게 자기 작품에 집중하지 않나. 결국 최종적으로 인정받는 것은 그분들이 아닐까 한다.

2000년대 초중반까지만 해도 신문에 서평이 크게 실리면 판매 부수가 훅 올라가곤 했다. 요즘은 그렇지도 않은 것 같다. 레거시 미디어의 영향력이 정말 줄어든 걸까?

점점 줄어들고 있다고 느낀다. 한번은 유명 일간지 문화면에 책이 크게 실린 적이 있었다. 책의 주제와 내용도 좋았다. 그래서 기대를 했는데, 거짓말처럼 안 나가더라.

오디오북이나 전자책, 그림책 OTT 서비스[6] 등이 그림책 시장을 더욱 활성화시키리라 보나?

솔직하게 말하자면 그렇지 않다. 아동 발달과 깊은 연을 맺고 있는 전집 시장이나 일부 학습 시장은 커질 수도 있겠지만. 다른 책도 물론 그렇겠지만, 그림책 시장은 '책'이라는 매체의 물성이 중요한 시장이다. 그림을 보기만 하는 게 아니라 그림이 품고 있는 서사를 전하기 위해 작가와 출판사에서 선택한 전략들을 직접 만지고 탐닉해야 비로소 그림책 한 권을 다 읽었다고 볼 수 있다. 전자 매체로는 그게 불가능하기 때문에 독자들도 갈증을 느끼지 않을까? 더욱 저렴한 전자책으로 보고 만족하는 데 익숙해진 독자들이 훌쩍 뛰어오른 책값과 휘황찬란한 제본을 자랑하는 거대한 책들을 선뜻 구매하지 않게 될 수도 있으니 이러나저러나 좋지 않은 영향을 끼칠 것 같다는 생각이다. 최근 디지털 교과서 이슈로, 정보를 습득하는 데 매체의 물성이 중요하다는 연구 결과가 다시 대두되고 있다. 그림책을 읽는다는 것도 같은 맥락에서 해석되면 좋을 것 같다.

새로운 마케팅 아이디어를 얻는 자신만의 방법이 있나?

타 출판사들의 움직임을 늘 보고 있다. 같은 분야뿐 아니라 에세이, 만화, 소설 분야도 함께 찾아보며 어떤 마케팅을 하는지 따라가본다. 사회적 기업이나 작은 스타트업 회사들의 전략도 살펴본다. 신조어를 쓰고 싶지는 않지만, '미닝아웃(meaning out) 소비'라고 해야 할까? 가치 있다고 생각하는 일에 돈을 쓰게 만드는 전략이야말로 그림책 시장에 적용 가능한 브랜딩이라고 보기 때문이다. 소비자들을 설득하는 언어의 동력이 무엇인지 궁금하다. '나이키의 라이벌은 아디다스가 아니라 닌텐도'라는 말을 본 적 있다. 같은 필드에서 경쟁하기보다는 완전히 새로운 산업과 경쟁해야 진짜 승리할 수 있다는 말인데, '그럼 나는 새로운 소비 콘텐츠가 되는 릴스, 틱톡 등을 레퍼런스로 찾아봐야 하나?' 하는 생각이 간혹 든다. 같은 맥락으로 미술계, 공연계와 같이 마니아를 대상으로 하는 예술계 마케팅 전략도 찾아본다. 또 한편으로는 '가치 소비'를 하는 사람들을 위한 마케팅을 한답시고 너무 그림책을 '프로파간다'처럼 이용하는 건 아닐까 하는 경계를 하게 된다. 그림책을 많이 읽는 사회를 만드는 게 마케터가, 혹은 출판인이 지향해야 하는 가치일 텐데, 일부 시장만을 파고드는 게 과연 좋은가 하는 생각도 들고.

책 읽지 않는 사회에서 책 읽기를 권하는 마케터의 일이 때로는 곤혹스러울 것 같다. 그림책이 너무 비싸다고 여기는 독자들도 많고.

대중적으로 잘 팔릴 것 같은 책은 값을 저렴하게 책정한다. 마니아층이 있는 주제나 작가의 책인 경우 책값을 좀 높일 때도 있고. 기본적으로는 제작비를 고려할 수밖에 없기 때문에 어렵다. 책값 때문에라도 결국 그림책은 좋아하는 소수의 사람들을 위한 책이 되어가나 하는 생각도 든다. 내 생각에, 그림책은 다양한 사람들의 이야기를 담아야 하고 진보적이어야 한다. 하지만 책값이 올라갈수록 그림책을 향유할 수 있는 사람의 수는 점점 적어진다. 그림책을 살 수 있는 사람들만 사게 된다면 그림책이 지향하는 바와 충돌하는 게 아닐까? 그림책을 향유하는 계층에게 '판매'하기 위해서 그들이 원하는 말만 담게 되는 건 아닐까? 이런 생각을 하다보면 '예술을 향유하는 계층의 아비투스' 같은 게 떠올라 머리가 복잡해진다. 그렇다고 제작비를 무조건 낮출 수도 없고. 저자의 인세라든지 책의 퀄리티를 생각한다면 말이다.

"'이렇게 만들어주세요'가 아니라 '같이 만들어봅시다' 말할 수 있는 시스템이 갖춰지기를 바란다"

어떤 그림책을 만들어야 잘 팔릴까? 작가, 편집자, 디자이너에게 제안해달라.

  '착한 그림책'이 아직은 잘 팔리는 것 같다. 보수적인 가치관을 담고 있고, 갈등도 쉽게 해소되고 행복하게 교훈을 얻고 끝나는 책. 하지만 이런 책을 만들어달라고 하고 싶지는 않다. 개인적으로는 독자의 상상력을 키워주는 그림책을 함께 만들었으면 한다. 이때 말하는 상상력은 사회학적 상상력을 의미하는데, 삶에 대한 다양한 관점을 다루는 그림책을 함께 만들었으면 좋겠다. 그림책이 유아 분야의 하위 개념에서 벗어나려면 그림으로 더 많은 걸 이야기할 수 있어야 한다고 생각한다. 예를 들어, 활동가나 교사들은 페미니즘이나 생태 관련 그림책의 필요성을 점점 더 많이 느끼는 것 같다. 그래야만 인문서를 읽는 사람, 과학서를 읽는 사람, 에세이를 읽는 사람도 자연스레 그림책 독자로 유입되지 않을까?

"함께 만들었으면 한다."는 말이 인상적이다. 마케터로서 책의 기획 단계부터 적극적으로 참여하고 싶다는 뜻으로 들리는데, 맞나?

마케터는 상품을 들고 시장에 가는 사람이다. 거친 말도 되게 많이 듣는다. "이 책 별로야." "그림이 왜 이래?" 하는 식으로. 하지만 그 반응들이 사실 일반 독자들의 첫인상이라고 생각한다. 그런 첫인상들을 들으면서 책의 마케팅 방향을 재설정할 때도 있고. 상업적으로 매만져줬다면 더 잘 팔렸을 텐데, 조금 더 주제를 좀더 강조했으면 좋았을 텐데 하는 아쉬움이 뒤늦게 들 때도 있다. 사고파는 이들이 던지는 날것의 의견들이 가끔은 창작의 현장에서 오가는 정제된 말보다 더 정확할 때가 있는 거다. 독자나 유통사의 주장이 모두 다 맞는 것은 아니지만, 완전히 무시해서도 안 된다. 그러니 마케터의 의견을 편집이나 디자인, 작가에 대한 공격으로 받아들이는 대신, 더 많은 사람들에게 책을 알리고 싶어하는 '출판인'의 의견으로 받아들인다면 보다 잘 팔리는 책이 나오지 않을까? '이렇게 만들어주세요'가 아니라 '같이 만들어봅시다'라고 말할 수 있는 시스템이 갖춰지기를 바란다.

마케터가 그림책을 분석하는 관점도 독자의 선택에 큰 영향을 미칠 것 같다. 그림책을 독해하고 소개하는 자신만의 방법이 있나?

킨더랜드에서 근무할 때 뉴스레터를 2년쯤 발행했다. 작가, 편집자의 의도에 영향을 받지 않고 보다 자유롭게 내 의견을 전시할 수 있는 공간을 얻은 거다. 전혀 관계없어 보이는 여러 권의 책을 하나의 주제로 묶어 소개하기도 하고, 나름의 해석을 붙이기도 하고, 그림 한 컷에 꽂혀 보도자료의 가이드라인과는 전혀 다른 감상을 하기도 하고. 전에는 책 소개할 때 보도자료에 많이 의존하는 편이었다. 뉴스레터에서는 그냥 내 언어로 쓰니까 더 재미있더라. 마케터의 관점을 믿어주면 좋겠다. 더 재미있는 홍보 문구가 나올 수 있다.

꼭 편집자나 작가의 해석만이 정답이라고 볼 수는 없으니까. 그렇게 보자면 마케터에게도 그림책을 분석하고 해석하는 능력이 반드시 필요하겠다.

MD를 내 앞에 오래 앉혀놓으려면, 15분 동안 내가 홍보할 그림책에 집중하게 하려면 당연히 나름의 방식으로 그림책을 분석해가야 한다. 스토리도 생각해보고, 작가 의도도 고민해보고, 그래도 영 안 되면 편집자에게 "어떻게 팔면 좋을까요?" 물어본다. 나는 미술관에 가서도 자유롭게 감상을 잘 못하고, 어떻게든 메시지와 의미를 찾아내려는 사람이라서 그림책을 처음 봤을 때 조금 당황했다. 특히 '서사가 없는' 그림책을 읽을 때 당혹스러웠다. 책에서 답을 찾으려고 했고, 상징물이 있다면 온전한 해석을 구하려고 했다. 하지만 그런 강박적인 독해가 그림책에는 맞지 않는다는 걸 여러 경험을 통해 깨달았다. 그래서 각종 채널을 통해 그림책 전문가들의 서평을 긁어모으기 시작했다. 평론가 김지은 선생님의 글이나 그림책 비평, 어린이도서 연구회 활동가들의 서평을 읽어나가며 어떻게 하면 비평적으로 그림책을 읽어나갈 수 있을까 고민했다. 지금도 여전히 노력하고 있다.

독자들 사이에서도 권위나 유명세를 따라가지 않고 자유롭게 그림책을 고르는 분위기가 형성되면 좋겠다. 독자에게 그림책을 고르는 기준을 제시해줄 수 있을까?

우선은 다양한 그림책 중에서 내 관심사가 확장되는 갈래들을 찾는 게 도움이 될 것이다.

그냥 그림책 한번 보자, 이게 아니라 내가 관심 있는 것을 그림책에서는 어떻게 표현했는지 보자는 뜻일까?

예를 들어 빵이나 음식을 좋아한다면, 빵이나 음식 그림책을 찾아보는 거다. 처음에는 단순한 호기심으로 출발하겠지만 계속 보다보면 그림의 질감이나 표현 방식, 제본 방식 등도 눈에 들어온다. 자신이 좋아하는 그림책을 고르는 기준도 이런 식으로 점점 구체화되는 게 아닐까? 각 지역의 작은 그림책 전문 서점들을 가보는 것도 권한다. 대형 서점은 분야별, 연령별로 정리가 되어 있다보니 주제나 소재별로 책을 찾기 힘들다. 그림책 전문 서점은 서점별로 큐레이션이 다 다르다. 책방지기 취향대로 책을 전시하고, 같이 읽으면 좋은 책들을 다양하게 진열해두는 곳도 있다. 예를 들어 고양이 섹션이라면, 고양이에 대한 소설, 논픽션, 그림책 등을 한곳에 진열해두는, 요즘 유행하는 병렬 독서 방식이다.

"그림책은 무한한 가능성이 있는 세계"

어떤 어린이였나?

어렸을 때부터 책을 좋아했다. 흔한 활자 중독자였다. 그런데 대학을 졸업할 때까지만 해도 책과 관련된 일을 할 거라는 생각을 못 했다. 읽는 건 읽는 거고, 만드는 것은 나와 멀리 떨어진 일이라고 생각했다. 게다가 나는 항상 현장에서 몸으로 부딪히며 일하는 것에 익숙했기 때문에 출판사 직원이라고 하면 떠오르는, 책상에 앉아 일하는 사람이 될 거라고는 예상을 못 했던 것 같다. 신기하게 출판계에 들어와서도 현장에서 몸으로 부딪히며 일하는 사람이 되었지만.

그림책을 한 문장으로 정의한다면?

그림책은 무한한 가능성이 있는 세계다. 너무 뻔한 말인가? 이런 이야기도 그림으로 할 수 있구나, 그림은 평면에 국한되는 것이 아니구나, 이 책은 이런 장치를 사용하면서 서사를 강조하는구나, 이렇게도 읽어낼 수 있구나 등등 그림책을 접하면 접할수록 정말 많이 놀라게 된다. 앞으로 어떤 작가들이 그림책이라는 매체를 통해 다양한 이야기를 풀어낼지 궁금하다.

출판 마케터라는 직업의 장점을 소개해달라.

신간을 바로바로 볼 수 있다. 또 하는 일이 다양하다보니 이것저것 해볼 수 있어서 좋다. 하다못해 릴스 촬영도 혼자서 휴대전화를 들고 한다. 생각지도 못했던 일들을 많이 접할 수 있다. 누군가한테는 단점일 수 있는데 나한테는 장점이다. '내가 언제 이런 일을 해보겠어?' 하는. 뭐 하나 실수한다고 세상이 망하거나 주가가 폭락하거나 하지 않는 것도 나와 잘 맞는다. 부담없이 다양한 실험을 해볼 수 있다.

마케터가 아닌 독자로서 그림책 취향을 소개해달라.

문제를 직설적으로 이야기하는 그림책을 좋아한다. 강아지 공장 문제를 다룬 그림책 《63일》[7]을 소개하고 싶다. 고정순 작가는 인간이 비인간이 됐을 때 어떤 느낌이 나는지를 그림에 담으려고 의도적으로 판화의 에칭 기법을 썼다고 한다. 베트남전 참전 군인의 PTSD를 다룬 《용맹호》[8], 노동의 외주화가 당연시된 세상을 풍자한 《사라진 저녁》[9], 마르틴 니묄러의 시 '나치가 그들을 덮쳤을 때'가 떠오르는 《만약에 내가》[10]도 좋아하는 그림책이다. 픽픽 웃음이 터져나오는 그림책도 좋아한다. 질 바슐레[11] 작가의 그림책이 내게는 그런 책인데, 건조한 문체와 세밀한 그림이 충돌해 웃음이 나오게 하는 역학이 재미있다. 패러디가 많아 찾는 재미도 있고. 그림책 외에는 사회과학서를 주로 읽는다. 노동, 젠더, 페미니즘, 역사에 관심이 많다.

그림책을 사랑하는 독자에게 꼭 남기고 싶은 말이 있을까?

"언제나 감사합니다." 감사하다는 말밖에 전할 것이 없다.

주석

1. 김지윤 지음,《복숭아 토끼》, 이향 편집, 정상철 디자인, 반달, 2023.
2. 이자벨 심레르 지음,《아이디어: 창작을 만드는 작은 동물들》, 김희정 옮김, 반달, 2023.
3. 김유진 지음,《엄마의 여름 방학》, 우지영 편집, 김지은 디자인, 책읽는곰, 2024.
4. 김지윤 지음,《책가도》, 김향수 편집, 정상철 디자인, 반달, 2020.
5. 양귀자 지음,《모순》, 쓰다, 2013. 초판은 살림 출판사에서 1998년에 출간.
6. 어린이 전용 온라인 동영상 서비스에는 그림책 콘텐츠도 있다. 그림책을 구연 전문가가 직접 읽어주거나, 전문을 영상으로 제공한다.
7. 허정윤 글, 고정순 그림,《63일》, 이향 편집, 정상철 디자인, 반달, 2020.
8. 권윤덕 지음,《용맹호》, 김진 편집, 권소연 디자인, 사계절, 2021.
9. 권정민 지음,《사라진 저녁》, 이영재 편집, 이주원 디자인, 창비, 2022.
10. 장덕현 글, 윤미숙 그림,《만약에 내가》, 박고은 편집, 권영은·김연서 디자인, 풀빛, 2023.
11. 질 바슐레(Gilles Bachelet)는 프랑스의 그림책 작가로, 풍자적이고 유머러스한 그림책들을 출간해 세계적으로 사랑받고 있다. 우리나라에 번역 출간된 작품으로는《XOX와 OXO》(나선희 옮김, 책빛, 2020),《이상한 나라의 흰토끼 부인》(나선희 옮김, 책빛, 2024) 등이 있다.

인터뷰이

대표작 목록

고선아

기획한 그림책 시리즈

◆ '우리시그림책' 시리즈(창비)

어린이들을 위해 엄선한 전래동요, 현대시, 어린이 시를 토대로 우리 시문학 고유의 운율과 이미지, 삶에 대한 성찰을 개성 있는 형식으로 표현해 우리나라 창작 그림책의 새 가능성을 열었다. 2003년 《시리동동 거미동동》(제주도꼬리따기 노래, 권윤덕 고쳐 쓰고 그림)을 첫 권으로 출간했고, 마지막 권인 《강아지와 염소 새끼》(권정생 시, 김병하 그림)를 2014년 출간하며 완간했다.

◆ '우리 이웃 그림책' 시리즈(한겨레아이들)

보통 사람들의 삶과 생명력을 새로운 시각으로 담고자 달리와 작가 겸 편집자인 신옥희, 한겨레아이들이 공동 기획한 창작 그림책 시리즈이다. 《슈퍼댁 씨름 대회 출전기》(김명자 글, 최미란 그림, 2014), 《천하태평 금금이의 치매 엄마 간병기》(김혜원 글, 이영경 그림, 2014), 《오 과장 서해바다 표류기》(김명자 글, 장경혜 그림, 염미희 편집, 김성미 디자인, 2017)가 있다.

디자인한 그림책

◆ 《식빵 유령》 윤지 지음, 안경숙 편집, 웅진주니어, 2020.

작은 빵집 안, 식빵 속에는 유령이 살고 있다. 평화로운 밤, 길고양이가 빵집으로 들어와 모든 것을 엉망진창으로 만든다. 보이지 않는 존재인 유령과, 보이지만 마치 보이지 않는 존재처럼 살아가는 길고양이는 과연 친구가 될 수 있을까? 72쪽의 긴 호흡이지만, 애니메이션 한 편을 보듯 빠져든다. 분할된 컷과 컷 사이의 긴장감과 장면 구성이 빼어나다.

◆ 《어느 늙은 산양 이야기》 고정순 지음, 전소현 편집, 만만한책방, 2020.
유럽의 그림책들에서 죽음은 흔히 사신이라는 모습으로 의인화된다. 해골 얼굴을 한 사신이 죽음의 동반자가 되는 《내가 함께 있을게》(볼프 에를브루흐 지음, 김경연 옮김, 웅진주니어, 2007)와 그 계보를 잇는, 금빛 팡도르 앞에서 할머니를 데려가야 할지 고민하는 사신이 등장하는 《할머니의 팡도르》(안나마리아 고치 지음, 비올레타 로피스 그림, 정원정·박서영 〔무루〕 옮김, 오후의소묘, 2019)처럼. 반면 우리나라 창작 그림책은 그와는 다른 방식으로 죽음을 표현하는데, 대표적인 작품이 바로 《어느 늙은 산양 이야기》다. 산양은 죽음이 가까워졌음을 느끼고 "딱 죽기 좋은" 장소를 찾으러 '스스로' 떠나는데, 떠나고 돌아온다는 단순한 이야기 구조와 맞물린 절제된 표현 방식(무대의 대부분을 여백으로 남겨둔 채 오로지 산양이 앞으로 나아갔다 다시 돌아오는 방향성만을 보여준다)이 절묘하다. 집으로 돌아와, 멈추어 잠이 드는 결말은, 죽음과 함께 '가는' 것이 아니라 온전히 죽음에 '다다랐음'을 그림책의 방식으로 보여준다.

◆ 《나는 흐른다》 송미경 글, 장선환 그림, 서정민 편집, 창비, 2023.
그림책은 시간과 공간을 조직해 이야기를 담는다. 이 책의 시선은 조금 다르다. 시간의 '흐름'과 공간의 '흐름' 속에서 흘러가는 기억과 상상, 갈망을 담았다. 물결처럼 일그러진 타이포그래피, 잔잔하다 물결이 일고 부서지고 흐트러지는 점, 선, 면의 이미지는 붙잡을 수 없는 음악과 같다. 사실 온전한 나는 이렇듯 흐르는 나의 수십 가지 모습이 아닐까?

◆《엄마와 성당에》조동익 노랫말, 소복이 지음, 김성은 편집, 나무의말, 2024.

노랫말 그림책은 어디까지 진화할 수 있을까? 이 책은 노랫말을 텍스트로 소비하는 데 머무르지 않고, 서사를 여러 겹 덧씌워 원작보다 더욱 풍성한 이야기를 전달한다. 교차 편집된 두 개의 공간에는 각각 젊은 엄마와 어린이, 노년의 엄마와 어른이 된 아들이 등장하는데, 단지 공간을 섞었을 뿐인데도 마치 과거와 미래가 한 장면에 공존하는 듯하다. 노랫말은 그림책에 맞춰 일부분은 빠지고 일부분은 더욱 구체화되면서 물 흐르듯 자연스럽다. 이 책을 아직 읽지 않은 독자에게는 반드시 노래를 함께 들으며 읽기를 권한다. "난 잊을 수가 없네. 엄마와 성당에"와 함께 이어지는 간주 지점에서 경탄하게 될 것이다.

◆《이런, 멋쟁이들》김유대 지음, 김장성 편집, 이야기꽃, 2025.

가로 29센티미터, 세로 37센티미터의 커다란 그림책. 국내에서 제작 가능한 최대 크기다. 이 커다란 지면을 크기가 1~4센티미터에 불과한 곤충들로 한 장 한 장 가득 채웠다. 원화의 크기 역시 무척 큰데, 폭이 1미터, 높이가 2미터에 달한다. 이 커다란 그림을 6년간 그린 작가, 촬영하고 디지털 데이터화해 한 권의 그림책으로 구성해낸 디자이너와 편집자의 손길에 감탄할 수밖에 없다. 이 책에는 20종의 곤충들이 담겨있다. 곤충의 무늬 일부를 커다랗게 확대한 첫 이미지를 보고 책장을 넘기면 곤충의 전신이 드러난 두번째 이미지를 만나게 되는 구성이다. 작가는 곤충의 무늬를 들여다보며 "꽃 피워 달라고 기도하는 달 토끼"를, "마주 보고 인사하는 푸른 두 얼굴"을 상상한다. 작은 생명체에서 거대한 세계를 길은 이 발견의 서사는 논픽션과 픽션의 경계에서 독자를 아찔한 영감으로 빠뜨린다.

김효은

그린 그림책

◆《기찬 딸》김진완 글, 오지명 편집, 박준렬 디자인, 시공주니어, 2011.
김효은 작가가 두번째로 그린 그림책이다. 텍스트는 기차 안에서 태어난 엄마의 탄생 비화를 딸이 들려주고, 그림은 과거 엄마의 탄생과 현재 할머니 집으로 가는 엄마와 딸의 모습을 함께 담았다. 가로로 길게 이어지는 기차의 흐름과 그 안에서 일어나는 출산이라는 뜻밖의 사건, 그로 인한 사람들의 움직임과 시선이 활기차고 자연스럽지만 일관성 있게 잘 조율되었다는 점이 놀랍다. 엄마의 이름이 "다혜(多惠)"라고 밝혀지는 후반부 장면에서는 기차 안 승객들이 정면을 향하여 손을 흔들고 있는데, 그 모습이 마치 기차 밖 구경꾼이었던 독자들까지 그 은혜에 일조한 듯한 뿌듯함을 느끼게 한다.

쓰고 그린 그림책

◆《나는 지하철입니다》엄희정 편집, 이은하·조기연 디자인, 문학동네, 2016.
무생물이자 그림책의 무대인 지하철이 곧 화자인 독특한 구조의 그림책이다. 지하철은 승객들의 이름을 하나하나 부르며, 마치 라디오 디제이처럼 그들의 사연을 독자에게 소개한다. 또한 이 책은 그림책에서 공간과 시간을 어떻게 활용해야 하는지를 잘 보여준다. 한 페이지 안에 과거와 현재가 공존하며, 심지어 덜컹이는 움직임과 함께 미래로 향한다. 겨울 특별판 표지에는 등장인물들이 시간이 흘러 변화한 모습이 담겨 있다. 김효은의 세계에서 인물들은 우리와 함께 살아 숨 쉬며 나이를 먹고 있다.

◆《우리가 케이크를 먹는 방법》엄희정 편집, 이은하 디자인, 문학동네, 2022.
이 책은 다섯 남매 중 둘째였던 작가의 자전적 이야기를 바탕으로 한다. 작은 사과 한 쪽, 하나뿐인 삼촌과 노는 시간도 모두 다섯으로 나누어야 했던. 시작은 "우리는 다섯입니다."라는 문장으로부터다. 다음 페이지를 펼치면 케이크 하나를 바라보는 다섯 아이를 그림으로 만날 수 있다. 그런데 여기서 '우리'는 누구일까? 독자는 다섯 남매 중 하나가 되어 때로는 양보하고, 때로는 속상해한다. 그렇게 다섯 인물에게 공감하다보면, 함께 있기에 비로소 나눌 수도 있다는 결말로 향한다. 개별의 '나'가 곧 '우리'가 되는 마법이다.

◆《내가 있어요》최진영 · 서정민 편집, 반서윤 디자인, 창비, 2024.
보드북이자 아코디언북이며, 또한 양면으로 읽을 수 있게 구성되었다. 한쪽 면은 위에서 아래로 진행되고, 다른 쪽은 오른쪽에서 왼쪽으로 진행되며 어린이의 공간을 수직과 수평으로 한 땀 한 땀 수놓아 확장한다. 내 옆에는 무엇이 있는지, 내 아래에는 무엇이 있는지 들여다보다 결국 나는 어디에 있고, 나라는 존재는 무엇일까 하는 질문에 다다른다.

최현경

편집한 그림책

◆《지하 정원》조선경 지음, 이진숙 디자인, 보림, 2005.
조선경 작가의 첫 창작 그림책이자, 출간 이후 우리나라 그림책 작가들에게 많은 영감을 던진 작품이다. 옛이야기를 형상화하는 것에서 벗어나 개인의 욕망(작은 화분을 살리는 것)이 사회적 관심(지하철역과 같은 공공장소)으로 이어질 때 세상이 어떻게 변화하는지를 그림책에 담았다. 묵직한 유화로 그려진 장면들은 디지털 그림이 흔해진 현재의 관점에서 볼 때 더욱 귀하게 다가온다. 대범한 구도들이 적재적소에 사용되어 자연스럽게 연결되는 점, 파랑과 초록의 조화 등도 눈여겨보게 된다.

◆《엄마가 화났다》최숙희 지음, 신수경 디자인, 책읽는곰, 2011.
2011년 출간 당시, 어린이의 두려움과 양육자의 자책감을 함께 담았다는 측면에서 참신하고 도전적인 시도가 돋보였다. 현실에서 시작해 판타지 세계로 넘어갔다가 다시 현실로 이어지는 구성이 자연스럽다. 주인공 산이와 엄마는 서로를 이해하지 못해 갈등하지만, 판타지 세계에서 엄마는 산이의 마음을 이해하게 된다. 작가는 판타지 세계 안에서 아이의 감정을 '후루룩' '부글이' '얼룩이' 등으로 시각화하여 독자의 공감을 얻었다.

◆ 《진짜 코 파는 이야기》 이갑규 지음, 신수경 디자인, 책읽는곰, 2014.
제55회 한국출판문화상 어린이청소년 부문 수상작.
코 파는 일을 한 편의 영화처럼 구성했다. 코를 파기 전과 파는 도중, 파고 나서의 일들이 마치 중대한 사건인 양 이어진다. '코딱지 파는 게 뭐 어때서?' 하며 금기에 정면으로 도전한다. 텍스트의 배치도 흥미롭다. 뒷면지에 텍스트가 가장 많고, 정작 본문에는 한 단어 혹은 길어야 두 문장만 적혀 있지만, 있어야 할 그 자리에 단어가 놓인 듯 재치 있다. 한국출판문화상 심사평 중 일부를 옮긴다. "어린이책이 무거운 엄숙주의를 벗고 아이들의 웃음에 한층 가까이 다가간 것도 인상적이다. 아이들의 삶에서 조금도 경쾌함을 덜어내지 않고 그들의 호기심을 생생히 살린 작가와 편집자의 내공이 돋보였다."

◆ 《꽁꽁꽁》 윤정주 지음, 신수경 디자인, 책읽는곰, 2016.
1990년대부터 어린이책에 그림을 그렸던 윤정주 작가가 지은 첫 그림책으로, 여름 그림책 하면 바로 떠오를 정도로 독자들의 많은 사랑을 받고 있는 '꽁꽁꽁' 시리즈의 첫 책이다. 냉장고 속 음식들이 캐릭터가 되어 여름날 시원한 소동극을 펼치는데, 시원한 냉장고라는 무대와 유쾌한 이야기 전개를 통해 여름 시장을 공략한 기획력이 돋보인다. 요구르트, 딸기, 카스테라 등 익숙한 음식을 살아 움직이는 캐릭터로 생생하게 표현해낸 작가의 솜씨도 남다르다.

◆《아빠 셋 꽃다발 셋》국지승 지음, 신수경 디자인, 책읽는곰, 2017.
세 명의 아빠가 하루 동안 겪는 일을 관찰자 시점으로 전개하는 독특한 그림책이다. 세 아빠는 생김새도 직업도 다르고, 서로 아는 사이도 아니다. 공통점이라면 틈틈이 꽃다발을 준비한다는 것이다. 시간 흐름에 맞추어 각자의 일을 하던 아빠들은 저녁 무렵 비로소 한 공간에 모인다. 그리고 이때에야 독자는 꽃다발의 목적을 알게 된다. 사랑, 행복, 따뜻함과 같은 흔한 말들은 하나도 사용하지 않았지만, 꽃다발, 웃음, 풍선 등 시각적인 요소들로 앞서 말한 정서를 충분히 구현해낸, 그림책에 꼭 맞는 원고가 훌륭하다.

◆《세월 1994-2014》문은아 글, 박건웅 그림, 추진우 디자인, 노란상상, 2024. 제2회 대한민국 그림책상 특별상 수상작.
1994년 태어나 2014년에 멈춘 세월호의 시점으로 세월호 참사를 이야기한다. 다큐멘터리이지만 참사의 과정이 그림책 형식에 담기고 화자가 달라지자 새로운 이야기처럼 읽힌다. 이 책은 세월호의 첫 항해로 시작해, 여행에 들뜬 사람들의 움직임과 불안하게 휘청이는 배의 움직임을 교차해 보여준다. 편안히 앞으로 나아가는 느낌의 가로 프레임은 불안한 세로 프레임으로 전환되고, 결국 배는 침몰의 과정에 이른다. 의도적으로 세로 프레임 안에 세월호를 분할해 그린 장면들은 켜켜이 쌓인 참사의 증거와 같은 느낌을 준다. 결국 세월호는 멈추지만, 이 책은 멈춤에서 끝나지 않는다. 세월호 스스로가 곧 참사의 증거임을 선언하며 희망과 용기를 건네는 마지막은 독자의 마음에 작고 노란 연대의 촛불을 피운다. 글 원고와 그림 원고의 조화로움도 놀랍다.

◆《기리네 집에 다리가 왔다》강인송 글, 소복이 그림, 추진우 디자인, 노란상상, 2024.
이 그림책은 다음 세 문장으로 요약할 수 있다. '단짝 친구에게 강아지 동생이 생겼다. 그런데 문제는 내가 강아지를 무서워한다는 거다. 어떻게 해야 하지?' 무섭다는 감정, 그 감정을 이해받고 싶은 마음, 친구와 멀어지면 어쩌지 하는 걱정스러움 등 어린이의 솔직한 감정이 세심하게 담겨 있다. 하지만 이 책은 '네 마음 이해해. 괜찮아.'라는 뻔한 말 대신 "우리 다리는 기다리는 거 잘해. 나도 잘 기다려." 하고 말한다. 두려움이 친근함으로 바뀔 때까지 곁에서 기다리겠다는 말이다. 그림책의 독자는 이처럼 일상의 평범한 말들로 이루어진 감동적인 문장을 기다린다.

김성미

디자인한 그림책

◆ '고구려 이야기 그림책' 시리즈(유다정 기획, 최은영·서채린 편집, 창비, 2011)

전 3권으로 《태양의 새 삼족오》(유다정 글, 최용호 그림) 《달기의 흥겨운 하루》(윤아해 글, 정지윤 그림) 《매호의 옷감》(김해원 글, 김진이 그림)이 있다. 역사 그림책 하면 흔히 떠오르는 영웅 서사나 옛이야기에서 벗어나 글, 그림 작가의 상상력을 기반으로 고구려 사람들 삶의 모습을 그림책으로 되살렸다. 고구려 생활상을 알 수 있고 문화를 상상할 수 있는 몇 안 되는 시각 자료 가운데 고구려 고분 벽화들을 주요 자료로 삼아 글과 그림을 완성했다. 고서에서 착안한, 금색 선으로 글 자리와 그림 자리를 나눈 독특한 본문 디자인이 눈에 띄는데 서체도 그에 어울리도록 옛 서체를 디자이너가 하나하나 다듬어 얹었다. 이렇게 섬세한 디자인은 우리나라의 정보 그림책도 문학적이고 예술적일 수 있다는 새로운 가능성을 제시했다.

◆ 《마지막 거인》 프랑수아 플라스 지음, 윤정임 옮김, 디자인하우스, 2024. 초판은 2002년에 출간.

환상적인 이야기를 통해 자연 안에서 인간은 어떻게 살아야 하는가, 인간은 과연 지금 자연과 연대할 준비가 되어 있는가 하는 굵직한 질문을 던진다. 주인공 루스모어는 기나긴 탐사 끝에 아홉 명의 아름다운 거인들을 만나 친구가 되고, 이들에 대한 백과사전을 편찬해 학자로서 어마

어마한 성공을 거둔다. 하지만 이로 인해 거인들은 죽음에 이른다. 혀와 이를 포함해 온몸이 문신으로 덮인 거인의 모습과 이들이 사는 세계가 신비로운 그림으로 펼쳐진다. 책 주제와 신비로운 정서를 독자에게 생생하게 전달하기 위해 한국어판을 새롭게 디자인했다. 2024년에 15만 부 판매 기념 스페셜 에디션이 출간되어 현재는 디자인이 바뀌었다.

◆《마음의 집》김희경 글, 이보나 흐미엘레프스카 그림, 최은영 편집, 창비, 2010. 2011 볼로냐 라가치 대상 수상작.
보이지 않고 만질 수도 없는 마음을, 볼 수 있고 만질 수도 있는 집과 사람으로 표현하고, 그것을 물성을 갖춘 한 권의 입체적인 책으로 만들었다. 또한 이 책은 그림책의 다양한 가능성을 실험하고, 독자 시선을 통해 그림의 의미가 확장되도록 한다. 대칭되는 그림들은 독자가 책장을 좌우로 넘기며 각도를 조절하면 새가 날갯짓을 하거나, 할머니가 손자에게 입을 맞추는 등 유의미하게 움직인다. 이보나 흐미엘레프스카의 그림은 장면에 상징 요소들을 배치해 독자가 여러 번 들여다보게 만드는데, 이러한 경향은 다음 출간작인《여자아이의 왕국》(최은영 편집, 김성미 디자인, 창비, 2011)으로 이어진다. 함께 읽기를 추천한다.

◆《위대한 아파투라일리아》지은 지음, 오승현 편집, 글로연, 2019.
상상의 지명과 캐릭터가 장면마다 가득 등장하는 그림책이다. 세로 길이가 35센티미터 정도로 판형이 상당히 긴 편인데, 본문을 펼쳐보면 하단에 흰 면의 글 자리를 일률적으로 배치해 길쭉한 그림이지만 안정감 있어 보인다. 글 자리 왼쪽 끝에는 작은 캐릭터들이 하나씩 배치되어 있는데, 숨은그림찾기 하듯 이들을 찾다보면 장면에 숨은 다양한 이야기들을 계속 발견할 수 있다. 결말에 이르면 이 작은 생명체들이 살아가는 세계가 바로 작은 잎사귀라는 것이 자연스레 밝혀지는데, 잎맥은 길이 되고 넓적한 잎 부분은 마을이 되는 작가의 상상력이 놀랍다.

◆ 《09:47》 이기훈 지음, 오승현 편집, 글로연, 2021. 제5회 롯데출판문화대상 본상 수상작.
이기훈 작가의 욕망 3부작 중 마지막 작품으로, 인간의 이기심과 탐욕으로 인해 지구 환경이 위기에 도래했음을 글과 그림으로 표현했다. 이야기는 08시 50분, 커다란 배에 올라타는 한 가족의 모습으로 시작된다. 09시 47분에 주인공인 막내는 화장실에 가고, 그때부터 이야기는 급속도로 재앙을 향해 간다. 제목이자 현실과 환상의 경계점인 09시 47분은 바로 24시 타임아웃을 목전에 둔 인류의 현재 시간인 것이다. 글 없는 그림책이지만 서사를 전달하는 데 전혀 무리가 없을 정도로 장면 전개가 촘촘하다. 또 자칫 늘어질 수 있는 지점이나 현실과 환타지가 섞이는 지점에서는 마치 타이머가 울리듯 디지털 시계의 시각 표시가 등장해 긴장감을 높여준다.

◆ 《호랑이 생일날이렷다》 강혜숙 지음, 조어진 편집, 우리학교, 2022. 2023 대한민국 그림책상 특별상 수상작.
우리 옛이야기에 등장하는 여러 호랑이 이야기를 하나의 맥락으로 엮어낸 솜씨가 돋보이는 그림책이다. 아홉 편의 각기 다른 이야기가 병렬적으로 이어지지만, 호랑이들을 한날한시에 태어난 형제들로 설정해 한 편의 이야기처럼 즐길 수 있다. 호랑이가 현대적인 그래픽으로 재해석되었다는 점도 눈에 띈다. 화려한 색감과 거침없고 변화무쌍한 구도는 잊을 수 없는 인상을 남기지만, 모든 것이 일관된 기준으로 잘 정돈되어 있다.

◆《돌랑돌랑 여름》국지승 지음, 한라경 편집, 달달북스, 2024.
세로 넘김의 만듦새가 눈에 띄는 그림책이다. 제주도로 여행을 떠나고 돌아오는 가족의 모습을 통해 제주도의 아름다움과 여행의 설렘을 함께 표현했다. 책을 펼치면, 비행기에서 막 내린 세 가족의 모습이 보인다. 이들은 숲에서, 또 바다에서 여행을 만끽하고, 그사이 주인공 아이의 모자는 바람에 날아가버린다. 책은 소박한 숙소와 울창한 숲, 시원한 바다를 이어서 보여주며 독자를 여행의 동반자로 끌어들인다. 바다는 다시 하늘로 이어지며 비행기를 타고 떠나는 가족의 모습으로 이야기는 마무리된다. 공간은 땅, 바다, 하늘로 연결되고 색감은 이에 따라 노랑, 초록, 파랑, 분홍으로 이어지는데, 전체 구성이 매우 잘 계산되어 있으면서도 무척 자연스럽다. 마치 원화를 직접 보는 듯, 생생한 색감의 재현도 놀랍다. 그런데 모자는 어디로 날아가 무엇을 보고 있을까? 모자의 이야기를 상상해보면, 이 여행은 아직 끝나지 않았다.

엄혜숙

번역한 그림책 시리즈

◆ '개구리와 두꺼비' 시리즈(아놀드 로벨 지음, 비룡소, 1996.)
1996년부터 비룡소에서 출간된 '난 책읽기가 좋아' 시리즈의 첫번째 책이다. 개구리와 두꺼비를 주인공으로 한 시리즈물로《개구리와 두꺼비는 친구》(칼데콧 상),《개구리와 두꺼비의 하루하루》《개구리와 두꺼비의 사계절》이 있다. 개구리와 두꺼비는 과자를 너무 많이 먹는다거나 단추를 잃어버리는 등 아이들이 일상적으로 겪는 평범한 일을 통해 인내심, 용기, 배려 등을 배우게 된다. 가장 중요한 것은 그 과정에서 좋은 친구란 어떤 모습인가를 생각하게 된다는 점이다. 그림책과 동화의 경계조차 모호했던 시절이지만, 초등 1, 2학년을 위한 그림 동화라는 콘셉트로 출간되어 독자들의 많은 사랑을 받았다. 현재《개구리와 두꺼비는 친구》중 〈편지〉가 초등학교 2학년 교과서에 실려 있다.

◆ '꼬마 곰' 시리즈(엘세 홀메룬 미나릭 글, 모리스 샌닥 그림, 시공주니어, 2018. 초판은 비룡소에서 1997년에 출간.)
호기심 많고 엉뚱한 꼬마 곰이 벌이는 사소한 소동들이 짧은 이야기로 이어진다. 우주 여행을 상상하거나, 생일 수프를 스스로 만드는 꼬마 곰 곁에는 언제나 엄마 곰이나 친구들이 함께 있고, 결말은 어린이가 바라는 애정, 기대고 싶은 마음, 만족감으로 꽉 차 있다. 또한 이 시리즈는 훌륭한 그림책 텍스트의 표본이기도 하다. "뭔가 입고 싶어요.""이것 보렴. 네게 줄 것이 있단다. 자, 여기 있다."(《꼬마 곰》중에서)처럼 반복되는 문장들, "이 그림을 보면 참 즐거워." "모두 결혼식에 왔어요." (《꼬마 곰에게 뽀뽀를》 중에서)처럼 그림과 호흡하며 유기성을 만들어내는 문장들은 단순한 이야기를 즐겁고 흥미진진하게 해준다.

번역한 그림책

◆ 《깃털 없는 기러기 보르카》 존 버닝햄 지음, 비룡소, 1996.
존 버닝햄의 첫번째 그림책으로, 1963년 출간되어 영국 케이트 그리너웨이 상을 받았다. 보르카는 깃털 없이 태어나서 나는 법을 익히지 못하고 가족과 헤어진다. 하지만 친구들의 도움을 받아 새 보금자리를 찾는다. '깃털이 없는 새'라는 시각적 설정은 어린이가 결핍, 장애, 상실 등의 상태를 이해하도록 돕는다. 오래전 출간된 책이지만, 주인공 보르카는 지금도 여전히 다양한 소수자들을 대변한다. 존 버닝햄의 말을 여기 옮긴다. "사람들이 내 책을 사랑한다고 말하는 것을 들으면 너무 기쁘다. 50년 전에 내가 한 일은 여전히 효과가 있다."

◆ 《잃어버린 것》 숀 탠 지음, 사계절, 2002.
숀 탠의 그림책 가운데 우리나라에 가장 먼저 번역 소개된 작품이다. 2011년에는 단편 애니메이션으로 제작되어 아카데미상을 받기도 했다. 주인공이 '어떤 물건을 하나 주웠던 이야기'로, 그 물건은 '버려진 것'이라 불리긴 하지만 주인공에게는 '주운 것'이자 '돌려줘야 할 것'이기도 하다. 무언가 중요한 것을 잃어버렸다는 자각, 잃어버린 것에 대한 그리움 없이는 책을 제대로 이해하기 힘들기에 어린이보다는 어른을 위한 그림책으로 볼 수 있다. 초등학생과 어른이 함께 보는 '초등학생이 보는 그림책(Dear 그림책)' 시리즈(사계절)의 첫번째 책으로 출간되었다.

◆《큰고니의 하늘》테지마 케이자부로오 지음, 창비, 2006.
테지마 케이자부로오는 일본 홋카이도에서 자연과 동물을 목판화로 표현해 그림책에 담고 있다. 출간한 30여 종의 그림책 모두 자연에서 힘차게 살아가는 동물에 관한 이야기로, 우리나라에는 네 권이 번역 출간되었다. 엄혜숙이 번역한 책은 이 책과 《섬수리 부엉이의 호수》(창비, 2008)이다. 《큰고니의 하늘》은 큰고니 가족이 날지 못하는 아픈 새끼 때문에 이동을 늦추다 봄이 다가오자 결국 이별한다는 내용이다. 선 굵은 판화로 자연의 아름다움을 전하고, 동물을 주인공으로 한 이야기를 통해 생태적 특징은 물론 삶과 죽음에 대해 성찰한다.

◆《내 고양이는 말이야》미로코 마치코 지음, 길벗스쿨, 2018.
"테츠조는 말이야, 내 고양이야."로 시작되는 이 책은 화자가 반려묘 테츠조를 독자에게 소개하는 시점으로 진행된다. 테츠조는 하얗고, 굉장히 무겁고, 난폭하다. 하지만 점점 얌전해지고 작아지더니 생을 마감하게 된다. 이 그림책의 백미는 테츠조가 생을 마감하고 아기 고양이들이 새로운 반려묘로 입양되는 지점의 연결고리에 있다. 청자가 독자에서 하늘로 간 테츠조로 자연스레 바뀌는데, "테츠조, 소토와 보는 말이야."라는 문장을 읽을 때마다 테츠조를 부르는 화자의 그리움이 진하게 남는다. 원문의 강점을 그대로 잘 살려낸 번역 덕분이다.

◆ 《작가》 다비드 칼리 글, 모니카 바렝고 그림, 나무말미, 2020.
작가의 일상을 반려견의 시선으로 보여주는 그림책이다. 개가 보기에 남자는 아침부터 저녁까지 '탁탁이'만 두드리고 있다. 개는 밥을 달라고 보채면서 남자를 먹게 하고, 산책을 가자고 보채며 남자에게 옷을 입히는 등 남자를 돌보며, 적극적으로 남자의 일상에 변화를 만들어낸다. 다비드 칼리의 재치 있는 문장은 자연스러운 일상의 언어로 번역되어 소리 내어 읽었을 때도 자연스럽다. 개의 시선으로 쓰인 글과, 개의 시점으로 그려진 그림이 잘 어우러져 마치 한 사람이 만들어낸 그림책처럼 느껴질 정도다.

정혜경

제작한 그림책

◆ 《동물, 원》 정혜경 지음·팝업, 케플러49, 2024. 초판은 2020년에 출간.
케플러49에서 처음 발행한 팝업북이다. 삵, 표범, 호랑이 같은 동물들이 좁고 황폐한 동물원 안에 갇혀 있다. 넓게 표현된 자연과 대비되는 협소한 동물원 내부 크기, 동물이 잘 보이지 않을 정도로 촘촘하게 튀어나온 창살 등은 갇힌 동물들의 갑갑한 심정을 고스란히 드러낸다. 정혜경 대표는 팝업북을 대량 제작하는 일이 처음이었기 때문에 파본을 최대한 줄이는 데 중점을 두고, 팝업 기술을 단순화했다고 한다. 평행 팝업 기법을 주로 사용했는데, 덕분에 주제에 더욱 집중되도록 잘 정돈되어 있다.

◆ 《돌섬, 바다의 노래》 주민정 지음·팝업, 케플러49, 2022.
90도 평행 팝업 기법만으로 만들어진 책으로, 독도의 아름다움을 팝업으로 표현했다. 90도 팝업 기법은 책장을 가로로 평평하게 펼치는 것이 아니라 세로로, 직각으로 세워 펼치면 팝업 효과가 나타난다. 구조적으로 단순해 보일 수 있다는 점을 고려해, 세워지는 종이를 여러 장 겹겹이 배치한 점이 인상적이다. 후반부의 두 장면은 구조물을 당기거나 펼치면 바다에 사는 생명체들이 모습을 드러낸다. 멈춘 화면에 생명을 불어넣는 멋진 구성이다.

◆《주츠카, 쿠드랴프카, 라이카—어느 이름 없는 개 이야기》정혜경 지음·팝업, 케플러49, 2022.
1957년 소련이 발사한 우주선 스푸트니크 2호에는 강아지 한 마리가 홀로 탑승해 있었다. 바로 사람을 대신해 우주로 보내진 첫번째 생명체였던 라이카다. 이 책은 라이카의 이야기를 여덟 개의 팝업 장면에 담았다. 모스크바 거리를 떠도는 라이카, 훈련을 받는 라이카, 라이카가 탑승한 우주선이 발사되는 순간 등이 팝업 장면으로 연출되어 있는데, 높게 솟아오르는 구조물, 자동으로 회전하는 구조물, 소리가 나도록 고안된 장치 등 장면마다 색다른 연출을 가미해 독자에게 잊을 수 없는 인상을 남긴다.

◆《을숙, 새가 머무르는 섬》정혜경 지음·팝업, 부산현대미술관, 2023.
을숙도는 낙동강 하류의 철새 도래지가 있는 곳이다. 하지만 난개발과 쓰레기 처리장 시설로 인해 아름다운 자연이 파괴되었다. 이 책은 을숙도가 다시 철새들의 아름다운 휴식 장소가 되기를 바라는 마음을 담은 팝업북이다. 큰고니가 날아가는 장면으로 시작되는데, 각 팝업과 평행 팝업이 함께 사용된 커다란 설계물이 첫 장면부터 등장한다. 책의 크기를 훨씬 벗어나는 팝업 구조물은 팝업북만이 전할 수 있는 놀라움과 즐거움을 선사한다. 하지만 책이 진행될수록 아름다웠던 자연은 쓰레기로 둘러싸이고, 팝업 구조물들은 다양한 각도로 세워져 마치 새들이 날아오르는 것을 방해하는 듯하다. 새가 날아오르는 장면에서 시작해, 다시 깨끗해진 바다에 무사히 안착하는 장면으로 끝맺는 구성도 돋보인다. 50부 한정으로 제작되어 구할 수는 없지만, 부산현대미술관 책그림 섬에서 열람할 수 있다.

◆《숨 쉬는 도시》이정호 글, 한제성 그림, 국립아시아문화전당재단, 2023.
자연과 도시는 공존할 수 있을까? 이 책은 난개발로 인해 사라진 자연을 다시 도시 안으로 끌어오는 과정을 담고 있다. 첫 장면은 나무와 집이 낮고 고른 높이로 입체화되어 있지만, 책이 진행될수록 자연은 사라지고 건물은 더욱 높아지며, 다채롭던 색감은 무채색으로 전환된다. 하지만 후반부에서는 자연이 다시 회복되면서 빌딩 숲과 나무숲이 서로 조화롭게 공존하는 모습을 보여준다. 손으로 뽑아 올리면 더욱 높아지는 빌딩 구조물이나 책장을 좌우로 한 번 더 펼쳐야만 팝업 구조물이 세워지는 마지막 페이지는 독자가 책을 더욱 입체적으로 만드는 데 참여할 수 있는 기회를 준다.

◆《안녕, 꾀꼬리》슷카이 지음·팝업, 케플러49, 2024.
어미 새가 알을 낳고, 아기 새들이 자라 둥지를 벗어날 때까지의 모습을 팝업북에 담았다. 아기 새들은 알을 깨고, 먹이를 받아먹고, 처음 날갯짓을 할 때마다 용기가 필요하다. 아기 새를 응원하는 마음으로 읽다 보면 어느새 스스로를 응원하게 되는, 가슴이 따뜻해지는 책이다. 얼핏 복잡해 보이지만 이 책은 네 가지 팝업 기초 기법을 활용해 제작되었다. 장면마다 다른 방식의 팝업 구조물을 들여다보는 것도 재미있다.

이서윤

마케팅한 그림책

◆《나는》이한비 글, 고정순 그림, 이향 편집, 정상철 디자인, 반달, 2022.
실험동물이 처한 현실을 보여주는 그림책이다. 초등학생인 이한비 작가의 글에 고정순 작가가 그림을 붙였다. 강아지, 닭, 토끼 같은 실험동물들은 모두 이름 없이 숫자로 불리며, "작은 집"이라 불리는 좁은 공간에 갇혀 무기력한 모습이다. 글은 시종일관 담담하고, 그림은 어린이가 그린 듯 단순하고 움직임도 절제되어 있다. 하지만 독자를 응시하는 동물의 표정은 수많은 감정을 전달한다. '너, 나, 우리가 알아야 할 동물 실험 이야기'라는 제목의 작은 가이드북을 함께 증정해 책에 담지 못한 정보를 보충해준 판매 전략도 훌륭하다.

◆《여우 요괴》정진호 지음, 이향 편집, 정상철 디자인, 반달, 2023.
잘 알려진 옛이야기를 색다르게 재해석한 수작이다. 책을 펼치면 기호적인 그림과 대담한 연출이 가장 먼저 눈에 띈다. 판에 박힌 먹 선의 그림에서 벗어나 과감하게 붉은색을 전면에 드러내고, 단순하고 간결한 선에 그래픽 디자인을 결합했다. 따뜻하게 새로 풀어낸 이야기는 마치 판소리를 듣는 듯 구성지고 책 전체에 리듬감을 선사한다. 제목을 넣지 않은 대담한 표지 디자인도 인상적이다.

◆《하늘 호수》신혜진 지음, 이향 편집, 정상철 디자인, 반달, 2023.
글 없는 그림책이다. 주인공 여자아이는 호수에서 작은 배를 타고 놀다

수면에 비친 하늘을 보고 물속으로 뛰어든다. 하늘과 호수의 경계가 무너지며 아이는 자유를 얻는다. 글이 없는 대신 장면과 장면이 매끄럽게 이어져 독자가 소리 없이 책 속으로 빠져들게 돕는다. 그리고 마지막 페이지를 펼치고서야 이 아이가 왜 이토록 움직임을 열망했는지 드러난다. 뒤표지 문구는 말이 없던 이 책에 꼭 필요한 한마디를 군더더기 없이 채워준다. "소녀는 그렇게 하늘을 난다. 누구보다도 자유롭게." 보도자료에서 이 책의 키워드를 '자유'와 '평화'로 잡았다는 점에 주목하고 싶다. 우리가 굳건하게 믿는 현실의 경계는 때로 평화로운 어린이의 마음속 상상력으로 가뿐히 무너진다. 그 마음 안에 희망이 있다.

◆《엄마의 여름 방학》김유진 지음, 우지영 편집, 김지은 디자인, 책읽는곰, 2024.

"엄마는 여름 방학 때 뭐 했어?"라는 질문은 이 그림책의 출발 지점이자 엄마 세대와 딸 세대를 이어주는 중요한 연결고리 역할을 한다. 엄마의 나이가 아이의 나이와 같던 약 30년 전 여름 방학 풍경이 김유진 작가의 정성스런 그림으로 실감나게 되살아난다. 사진으로 남기지 못한 추억을 그림으로 남긴 듯하다. 비록 옷차림도, 장난감도, 집 안의 풍경도 지금과는 사뭇 다르지만, 유난히 찬란한 햇살이나 웃음소리, 즐거움, 애틋함은 30년의 세월을 훌쩍 넘어 세대 간의 공감을 이끌어낸다. 세대를 이어주고 서로 교감하게 하는 것이야말로 그림책의 역할 아닐까.

◆《산타 할아버지의 첫 크리스마스》맥 바넷 글, 시드니 스미스 그림, 김지은 옮김, 책읽는곰, 2024.

산타 할아버지는 크리스마스이브에 어린이에게 선물을 주는 존재다. 하지만 정작 산타가 크리스마스를 어떻게 보내는지, 우리는 궁금해한 적 있을까? 이 그림책에서는 산타와 같은 마을에 사는 요정들이 산타를 위해 멋진 크리스마스를 준비한다. 산타는 처음으로 크리스마스트리를 장식하고, 맛있는 음식과 케이크를 나누어 먹고, 선물을 받는다. 늘 주는 존재가 받는 존재로 치환되는 상상은, 어린이와 양육자의 입장을 비틀고 양쪽 모두에게 만족감을 선사한다. 크리스마스는 모두 행복해야 한다. 그 어려운 일을 이 책이 해냈다.

◆ ◆

그림책 만드는 사람들
기획부터 출간까지, 그 모든 순간에 대하여

1판 1쇄 2025년 7월 30일
글·인터뷰 최은영
인터뷰이 고선아, 김효은, 최현경, 김성미, 엄혜숙, 정혜경, 이서윤

◆ ◆

펴낸이 김경태
편집 조현주 홍경화 강가연
디자인 박정영 김재현 / Studio Marzan 김성미
마케팅 유진선 강주영 정보경
펴낸곳 (주)출판사 클
출판등록 2012년 1월 5일 제311-2012-02호
주소 03385 서울시 은평구 연서로26길 25-6
전화 070-4176-4680
팩스 02-354-4680
이메일 bookkl@bookkl.com
ISBN 979-11-94374-30-5 03810

이 책은 저작권법에 의해 보호를 받는 저작물이므로 무단 전재 및 무단 복제를 금합니다.
잘못된 책은 바꾸어드립니다.